Pensamientos Críticos y Secretos de la Psicología Oscura 101

Guía para principiantes para resolver problemas y tomar decisiones para convertirse en un mejor pensador crítico, ¡y luego aprender el arte de leer personas y manipular!

Por Marcos Romero

"Pensamientos críticos y secretos de la psicología oscura 101: Guía para principiantes para resolver problemas y tomar decisiones para convertirse en un mejor pensador crítico, ¡y luego aprender el arte de leer personas y manipular!" *Por Marcos Romero*".

"Pensamientos Críticos y Secretos de la Psicología Oscura 101" es un conjunto de libros "Guia para principiantes acerca del Pensamiento Crítico y el cómo Solucionar problemas" Y "*Maestría en Psicología Oscura*".

¡Espero que lo disfrutes!

Guia para principiantes acerca del Pensamiento Crítico y el cómo Solucionar problemas

¡Conviértase en un mejor pensador crítico y solucionador de problemas, usando herramientas y técnicas secretas que impulsarán estas habilidades y su toma de decisiones ahora!

Por Marcos Romero

Tabla de contenido

Introducción

Felicitaciones por la compra de la *Guia para principiantes acerca del Pensamiento Crítico y el cómo Solucionar problemas:* ¡Conviértase en un mejor pensador crítico y solucionador de problemas, usando herramientas y técnicas secretas que impulsarán estas habilidades y su toma de decisiones ya! y gracias por hacerlo. Si pensamos creativamente y críticamente o no, podemos determinar el éxito y los fracasos en cada aspecto de nuestras vidas. El cerebro humano siempre es propenso a las distorsiones, la irracionalidad, los sesgos cognitivos y los prejuicios, que en la mayoría de los casos afectan a nuestra capacidad de razonar. Con la adquisición de este libro, usted ha dado el primer paso para aprender cómo convertirse en una mejor persona en la comunicación a través del pensamiento crítico efectivo y las habilidades de resolución de problemas. La información que encontrará en los siguientes capítulos es muy importante ya que le ayudará a tomar el control de cada situación en la que se encuentre debido a la capacidad de considerar múltiples visiones del mundo.

Con ese fin, este libro proporciona una visión general en profundidad del pensamiento crítico, destacando su marco y sus elementos, así como su uso cotidiano. Abarca los rasgos intelectuales universales de un pensador crítico, incluyendo el coraje, la humildad, la empatía, la autonomía, la integridad, la perseverancia y la confianza. El libro abordará de forma exhaustiva las estrategias clave necesarias para desarrollar las habilidades de pensamiento crítico. Un concepto interesante cubierto en este libro son las cualidades de un buen pensador crítico, que pueden ayudar a medir sus habilidades de pensamiento crítico. Con este conocimiento, usted será capaz de aprender cómo convertirse en un solucionador de problemas de calidad y uno que puede pensar en los problemas desde diferentes perspectivas.

Hay varios libros que abordan la importancia del pensamiento crítico en el mercado, ¡gracias de nuevo por elegir este! Me aseguré de que el libro esté lleno de tanta información útil como sea posible. ¡Por favor, disfruten de la lectura!

Capítulo 1: Cómo desarrollar habilidades en el pensamiento crítico

Los tiempos están cambiando, y nos guste o no, la forma en que vivimos y trabajamos ha cambiado con el tiempo, gracias a la globalización y a las innovaciones tecnológicas. En primer lugar, nos enfrentamos cada vez más a problemas complejos que afectan a la sociedad, como la depresión económica, el calentamiento global, las crisis financieras y la contaminación. Frente a las diversas opciones para la solución de los problemas, nos vemos obligados a desarrollar un buen pensamiento y generar ideas creativas en un esfuerzo por resolver los problemas. Por otro lado, tanto la globalización como la tecnología han afectado nuestras vidas personales. Tenemos un exceso de información disponible a nuestro alrededor, y lo que aprendemos diariamente puede quedar obsoleto en un futuro próximo. En medio de los beneficios de la información, cada vez nos enfrentamos a más desafíos al competir con personas de talento en todo el mundo. Para tener éxito, debemos poseer buenas habilidades de pensamiento para la toma de decisiones fiables y el razonamiento adecuado.

¿Pero qué significa tener buenas habilidades de pensamiento? Tener una buena capacidad de pensamiento significa que se evitan los dos principales defectos del razonamiento: tener un sentido del absurdo y un sentido de la obviedad. Significa que te conviertes en un pensador crítico, una persona adepta con habilidades que pueden permitirle manejar las complejidades del mundo. Las buenas habilidades de pensamiento pueden permitirnos alcanzar la integridad intelectual necesaria para tomar decisiones acertadas.

Por lo tanto, en este capítulo, vamos a tener una clara comprensión del concepto de pensamiento crítico, de quién es un pensador crítico y de las habilidades que posee un pensador crítico.

¿Qué es el pensamiento crítico?

El pensamiento crítico se refiere a la capacidad de pensar racional y claramente, entendiendo la conexión entre las ideas lógicas. El concepto ha sido objeto de mucho debate desde los tiempos de los griegos, filósofos como Sócrates y Platón, y ha continuado siendo un importante tema de discusión en la era moderna. El pensamiento crítico podría describirse como la habilidad de uno para comprometerse en un pensamiento independiente y reflexivo antes de tomar una decisión. Se trata de ser un aprendiz activo en lugar de un receptor pasivo de información.

Los pensadores críticos hacen preguntas rigurosas sobre ideas y suposiciones en lugar de creer en cada información que reciben al pie de la letra. Los pensadores críticos siempre intentarán saber si los argumentos, las ideas o los hallazgos representan la verdadera imagen y están muy abiertos a averiguar si no lo son.

Cuando se piensa críticamente, se llega a desafiar constantemente la información que se da. Digamos que, en el aula, aunque una fórmula matemática parezca obvia y estadísticamente probada, aun así, intentarás identificar una nueva y mejor fórmula.

El concepto básico del pensamiento crítico es muy simple: es un arte de hacerse cargo de tu propia mente. Su valor es igualmente simple: si puedes hacerte cargo de tu mente, también puedes hacerte cargo de tu vida, lo que significa mejorarte a ti mismo, poner tu mente bajo autocontrol. El pensamiento crítico significa interesarse en cómo funciona la mente, cómo modificarla y afinarla, y cómo controlarla para que funcione mejor. Implica comprometerse con el hábito de cuestionar cada aspecto de su vida.

Habilidades en el pensamiento crítico

Aunque no hay un estándar universal para las habilidades específicas necesarias para ser un excelente pensador crítico, *hay 6 habilidades clave* que le ayudarán. Centrarse en ellas puede ayudarle a desarrollar una excepcional capacidad de pensamiento crítico.

1. Identificación

Para ser excepcional en el pensamiento crítico, lo primero que hay que hacer es identificar el problema o la situación, así como los factores internos y externos que puedan estar rodeándolo. Una vez que se comprende la situación y los factores, grupos o personas que la rodean, se puede comenzar a pensar más profundamente en el problema y comenzar a pensar en las posibles soluciones.

Cuando se piensa en un problema, es importante hacerse las siguientes preguntas:

- ¿Cuál es el problema?
- ¿Quién está haciendo qué?
- ¿Qué razones explican la situación?
- ¿Cuáles son los efectos, y podrían éstos cambiar?

2. Investigación

Cuando se toma una decisión sobre un tema o se comparan los argumentos a favor y en contra del mismo, la capacidad de realizar investigaciones independientes es clave. Cada argumento debe ser persuasivo. La mayoría de los hechos y cifras que apoyan un argumento particular pueden carecer de contexto o provenir de fuentes cuestionables. Esto puede abordarse realizando una verificación independiente, encontrando fuentes de información y evaluando las más fiables.

3. Identificación de los prejuicios de género o predisposiciones

La habilidad de identificar los prejuicios de género o predisposiciones en un argumento puede ser muy difícil ya que incluso las personas más inteligentes no reconocen dichos prejuicios. Un pensador crítico efectivo es capaz de evaluar la información objetivamente y juzgar ambos lados del argumento. Al evaluar las afirmaciones, es importante entender que hay posibles prejuicios de género o predisposiciones planteados por cada lado del argumento.

Igualmente, es importante aprender a mantenerse alejado de las predisposiciones personales al evaluar una situación particular. Póngase en una situación en la que pueda evaluar por igual las afirmaciones de ambas partes de un argumento, y haga un juicio efectivo.

Al evaluar un argumento, es importante considerar las siguientes preguntas:

- ¿Quién se va a beneficiar de esta escuela de pensamiento?
- ¿Tiene la fuente de información una agenda?
- ¿La fuente de información está dejando fuera información que no apoya sus afirmaciones?
- ¿Utiliza la fuente un lenguaje innecesario para influir en la percepción del público?

4. Inferencia

Otra importante habilidad de pensamiento crítico es la capacidad de inferir y sacar conclusiones basadas en la información que se le presenta. La información no viene con su significado explicado fácilmente. Por lo tanto, es necesario evaluarla y sacar conclusiones basadas en los datos en bruto.

Ser capaz de inferir una conclusión significa que se pueden descubrir y extrapolar los posibles resultados de una situación. Sin embargo, hay que tener en cuenta que no todas las inferencias son exactas; algunos datos pueden alterar la conclusión de un argumento.

5. Determinación de la pertinencia

Un aspecto clave y desafiante del pensamiento crítico es averiguar qué información es importante para que uno la considere. En muchos casos, se le presentará información que puede parecer importante, pero pueden resultar ser puntos de datos muy diminutos a considerar al tomar una decisión.

6. Curiosidad

Es muy fácil tomar cada argumento que se le presenta a usted en su valor nominal. Sin embargo, esto puede ser peligroso cuando te enfrentas a situaciones que necesitan un pensamiento crítico. A medida que las personas envejecen, se familiarizan fácilmente con el hábito de abstenerse de hacer preguntas, pero este no es un enfoque eficaz para un pensador crítico. Ser capaz de hacer preguntas abiertas es la mejor manera de aprender y adquirir conocimientos si eres un pensador crítico.

Hechos y Lógica

El proceso de pensamiento crítico implica evaluar qué argumentos tienen lógica y son factuales con el fin de separar la verdad de la falsedad. Tanto los hechos como la lógica son elementos esenciales para hacer un buen juicio.

Hechos

Internet facilita que la comprobación de los hechos de cualquier informe sea increíblemente rápida y directa, aunque existe una gran cantidad de sitios web que no funcionan y pueden agravar un error si se le da más credibilidad a un blog de un sitio web que a un libro con una investigación minuciosamente efectuada. Sin embargo, en cualquier caso, se deben buscar algunos tipos de pruebas en la fuente literaria, de las cuales los "hechos" corresponden a la capa más superficial. Los lectores no críticos, por regla general, piensan que las pruebas tienen que ver solo con los hechos, pero los lectores críticos van mucho más allá. No leen principalmente para encontrar actos; como los grandes lógicos, se dan cuenta de que el "hecho del asunto" no es básico y que existe cualquier número de hechos potenciales. En su lugar, esperan evaluar fundamentalmente los pensamientos y argumentos, teniendo en cuenta que las decisiones significativas vienen en la selección y disposición de los hechos por parte del creador.

Sopesar las fuentes primarias y secundarias de los hechos

Las fuentes primarias son el polvo de oro de un pensador crítico. Son materiales únicos de la línea de tiempo incluida que no han sido tamizados a través de la traducción o la evaluación. Las fuentes primarias presentan diferentes razonamientos, presentan e informan sobre descubrimientos, o ofrecen nuevos pensamientos o datos. Las fuentes secundarias son trozos de cobertura de noticias, o un libro sobre las opiniones, investigaciones o trabajos de otra persona. Son traducciones y evaluaciones escritas en retrospectiva.

Considera la discusión sobre el Calentamiento Global y precisamente el número de hechos que existen en ambos lados del debate. Si miras varios sitios, discutiendo sobre la misma noticia (que la capa de hielo de Groenlandia ha sido contabilizada como encogida), puedes descubrir dos explicaciones definitivas y con hechos similares que llegan a conclusiones contradictorias. Tengan en cuenta en esta discusión, como en muchas otras, que la selección de los hechos es lo importante. Por eso es esencial mirar también "detrás de los hechos".

Cuando se lee una fuente primaria, una breve declaración le da una prueba de oro para su argumento, y es aún más impresionante. Por ejemplo, si usted confía en que un investigador le demostrará que un periódico llamado Daily Wail una vez advirtió que los osos polares estaban en peligro de extinción, entonces una declaración del propio escrito es mejor que cualquier otra cosa. El Daily Wail sería, para esta situación, la fuente principal. Sin embargo, aceptar el mismo artículo como prueba de que los especialistas consideran que los osos polares están muriendo (sin mencionar que lo están) es usar el periódico como fuente secundaria.

El problema con las fuentes secundarias es que el significado podría ser distintivo en el primer contexto. Si se repasan las opiniones de alguien sobre las perspectivas de otra persona, que es a lo que se reduce prácticamente toda la composición, considérese que el creador es el canal; en lugar de creer que la persona en cuestión ha transmitido precisamente las palabras de otra persona. Por lo tanto, seleccione el contenido que utilice de forma cautelosa y crítica. Cuanto más prolongada sea la cadena de fuentes, más probable es que aparezcan contorsiones o diferentes versiones (como en una ronda de Telefono Roto).

Lógica

La lógica se refiere a la ciencia de cómo la gente evalúa el razonamiento y los argumentos. No se trata de opiniones, sino de cómo se deben formar los argumentos para asegurar que sean correctos y razonables. Como tal, un argumento lógico es aquel que tiene premisas suficientemente justificadas que son apropiadamente relevantes para la conclusión. Para seguir siendo lógico, un argumento debe considerar lo siguiente:

Forma lógica - comprender la forma de un argumento es importante para hacer un buen razonamiento deductivo. Por ejemplo, al afirmar que "si Platón es un hombre, entonces es inmortal", entonces la forma lógica, "si A, entonces B", hace una buena argumentación.

Validez lógica. Los argumentos lógicos tienen premisas que garantizan la conclusión correcta. Un argumento inválido no nos da ninguna razón para creer en la verdad de la conclusión. En tal caso, las premisas pueden ser verdaderas, y la conclusión se convierte en falsa.

Interpretación de los argumentos– También es importante que los pensadores críticos entiendan los argumentos de la gente y sean capaces de aclararlos. Uno debe ser capaz de distinguir entre las premisas y la conclusión. A veces también es necesario identificar las premisas y la creatividad para entender un argumento lógico.

Algunas de las preguntas que pueden ayudarte a hacer que tus argumentos sean lógicos incluyen:

- ¿Todos los argumentos o declaraciones que haces encajan lógicamente?
- ¿Tiene sentido el argumento?
- ¿El argumento fluye en línea con la situación actual?

Rigor intelectual

Uno de los elementos fundamentales del pensamiento crítico es el rigor intelectual. Esto se refiere a la claridad entre los pensadores críticos y a su capacidad de pensar profunda y cuidadosamente con rigor cuando se enfrentan a argumentos desafiantes o a nuevos conocimientos. El hecho de tener este potencial significa que uno puede dedicarse a un argumento constructivo y explorar metodológicamente ideas, filosofías y teorías.

En el pensamiento crítico, el rigor intelectual de una declaración es esencial. Si la declaración o el problema que se va a abordar se plantea de manera poco clara, será difícil de entender. Si se utilizan declaraciones poco claras para tomar decisiones, el resultado es siempre incierto. El lenguaje utilizado debe ser fácilmente comprensible para las partes involucradas. Cuide el lenguaje y las creencias de los participantes para evitar el uso de términos que puedan dar lugar a significados contradictorios.

Tal vez se pregunte cómo diferenciar entre una declaración clara (rigor) y otra poco clara. He aquí un ejemplo que le ayudará a comprender la diferencia.

¿Qué hay que hacer con respecto a la cuestión de la escasez de alimentos?

La pregunta anterior carece de rigor intelectual y es de alguna manera difícil de abordar ya que uno no es consciente de lo que la persona que hace la pregunta considera que es el problema. La claridad aquí se lograría señalando el principal tema de preocupación y reformulando la pregunta para:

¿Qué tiene que hacer el gobierno para asegurar que sus ciudadanos tengan suficiente suministro de alimentos y que no haya sequía ni hambruna en el país?

La segunda pregunta es fácil de entender, por lo que resulta sencillo analizar las causas de la sequía y la hambruna y las posibles medidas para contrarrestarla. Un claro enunciado del problema hace que el proceso de pensamiento crítico sea efectivo. Asegúrese de hacer su declaración, pensamientos y argumentos claros.

Para lograr el rigor intelectual, puede hacer las siguientes preguntas:
- ¿Puedes dar un ejemplo?
- ¿Puedes expresar la declaración de manera diferente?
- ¿Puedes profundizar en ese punto?

Buscando respuestas directas

Es tentador imaginar que los pensadores críticos siempre están interesados en respuestas complejas que tienen que examinar exhaustivamente para obtener el mensaje. Sin embargo, este no es el caso. Los pensadores críticos prefieren respuestas directas que les ayuden a determinar el razonamiento de un argumento, el significado de las premisas y cómo se deriva la conclusión de los argumentos.

Para obtener respuestas directas, el pensamiento crítico requiere que se hagan las preguntas correctas. Para mejorar el proceso de interrogación cuando se aborda un asunto, se recomienda que se desglosen las preguntas.

Supongamos que usted se encuentra con un cierto problema, en la escuela o en el trabajo, y no está seguro de cómo abordarlo. Para obtener respuestas directas a la situación, hágase las siguientes preguntas:
- ¿Qué información sobre esta situación tengo ya?
- ¿Cómo puedo conocer información anterior?
- ¿Cuál es mi objetivo al tratar de descubrir, probar/desaprobar o apoyar?
- ¿Qué estaría pasando por alto?

Estas preguntas te animan a tener respuestas correctas y directas a un problema. Si te ayuda, intenta escribir las respuestas a las preguntas anteriores cuando te enfrentes a un problema. La misma estrategia también puede ser usada para persuadir a otros a obtener respuestas específicas.

Piense en su pensamiento

La mayoría de las personas que asumen que son los mejores pensadores críticos siempre se olvidan de sí mismos, siempre critican arrogantemente el razonamiento y los pensamientos de otras personas. Sin embargo, un buen pensador crítico es aquel que se involucra más en la auto reflexión, siempre tratando de pensar más en sus pensamientos.

Es importante que mantenga la vista en sus propios pensamientos. Piensa en dónde comenzaron los pensamientos, cómo se ven y a dónde te llevan. El cerebro humano siempre es impresionante y puede clasificar la información con precisión, pero la falta de autorreflexión puede animarnos a ignorar los pensamientos importantes.

El cerebro tiene la tendencia de usar la heurística para hacer inferencias rápidas sobre las situaciones a las que nos enfrentamos. En muchos casos, tales heurísticos pueden producir resultados fiables y ayudarnos a resolver problemas. Sin embargo, en otros casos, forman sesgos poco fiables que nos dirigen al camino equivocado.

Usted es el que está a cargo

Un pensador crítico debe permanecer alerta en todo momento. Para estar a cargo de sus pensamientos y hacer juicios precisos de las situaciones, es importante utilizar habilidades analíticas.

Es fácil para usted aceptar los argumentos que se hacen, especialmente en público para ser verdad. También es natural pensar que se le dice la verdad sobre las afirmaciones, y termina usted aceptándolas al pie de la letra. Sin embargo, no debe aceptar ciegamente lo que se le dice o lo que lee. No asumir que, porque algo ha sido afirmado en forma hablada o impresa, entonces es totalmente exacto, y debe estar de acuerdo con ello.

Estar al mando significa que debe ser consciente de que la gente hace afirmaciones falsas por varias razones, como, por ejemplo, engañarle para que altere su opinión sobre alguien o algo. Algunas afirmaciones falsas también se hacen por descuido o ignorancia. Otras afirmaciones, aunque pueden tener algo de verdad, son muy exageradas, mientras que otras se simplifican en exceso o son sólo suposiciones aproximadas.

Esto significa que siempre debes evitar aceptar las afirmaciones o argumentos en su valor nominal. Aprenda a mantener una mente abierta y analítica. Sin embargo, puede resultarle difícil determinar siempre si una afirmación es verdadera o falsa; el mejor método que puede utilizar para decidir si la afirmación está justificada es el método de evaluación. Una afirmación que carece de suficientes pruebas para apoyarla no está justificada. Así que, en esencia, una afirmación está justificada si es exacta y no lo está si no lo es. Sin embargo, una afirmación puede ser verdadera pero irrazonable si la persona que la hace no proporciona una buena base para creerla.

Al hacer juicios, recuerde siempre que el estándar de las reclamaciones es tal que es verdadero o falso. No hay afirmaciones que sean mitad verdaderas o mitad falsas o entre ellas. Verdadero significa toda la verdad y no permite aproximaciones o grados.

Como pensador crítico, cuando se quiere estar a cargo de cada juicio, es necesario calificar un argumento indicando los estándares que se aplican. Usa expresiones como:
- Completamente justificado
- Totalmente justificado

- Totalmente justificado

Elija siempre las calificaciones correctas para los juicios que haga sobre las reclamaciones y sus justificaciones

Intercambio de ideas acerca del pensamiento crítico

El Intercambio de ideas es una técnica popular al solucionar problemas utilizada por los pensadores críticos debido a la libertad que crea en todas las direcciones en busca de las soluciones más eficaces. El objetivo principal de un Intercambio de ideas es siempre crear un arsenal de soluciones alternativas. El Intercambio no es simplemente un medio para algún fin. Es más que eso, ya que implica desarrollar una mente creativa y crítica y aumentar la curiosidad. Con la curiosidad, nuestras mentes se abren para ver diversas perspectivas de un punto de vista particular, lo que a su vez mejora la resolución de problemas.

Reglas para un Intercambio de ideas

Puede parecer que el proceso de intercambio de ideas no tiene ninguna limitación, pero el éxito depende de la consideración de las reglas que se exponen a continuación.

Escoge un momento y un lugar. - En un Intercambio de ideas, nuestros cerebros siempre funcionan a su máxima capacidad. Es importante escoger un momento en el que todos estén de buen humor y descansados porque los estudiantes necesitan la energía para avanzar en su potencial de pensamiento.

Fomente las ideas y discusiones salvajes - Es importante asignar a alguien para que se encargue de escribir las ideas discutidas para mantener al grupo concentrado. Es necesario elegir a alguien que pueda escribir de forma legible y rápida.

La meta es cantidad –Tómese su tiempo para utilizar las herramientas necesarias para que un Intercambio de ideas genere una larga lista de opciones potenciales. Al generar muchas ideas, podrás analizar e identificar la mejor solución.

Establezca un límite de tiempo: – cuando se concentre en generar ideas, se entusiasmará porque el proceso del Intercambio de ideas requiere una capacidad cerebral máxima. Por lo tanto, debe asegurarse de que el Intercambio de ideas no dure más de una hora.

Escriba y organice todas las ideas – Asegúrese de que todos puedan ver las ideas compartidas y escritas. Organizar las ideas en diferentes categorías. Por ejemplo, podría organizar las razones de "por qué está mal robar" en las siguientes categorías:

- **Razón moral**: "Porque todas las religiones están en contra".
- **Razón práctica**: "Desorganiza la sociedad".
- **Razón extraña**: "Si tomara un objeto de alguien cuando no está cerca, lo usara y lo devolviera antes de que se diera cuenta, ¿eso sería robar?"

Deshazte de las malas ideas. Revisa la lista de ideas y selecciona las malas, hasta que te quedes con las mejores. Mientras que estés haciendo un Intercambio de ideas, la mayoría de ellas serán inútiles. Una vez que termine el intercambio de ideas, dedica tiempo a discutir cuál de esas ideas es realmente la mejor.

El proceso de un Intercambio de ideas

El Intercambio de ideas puede involucrar a una persona o a un grupo de personas. La participación de varias personas en el proceso puede ayudar a lograr el consenso, sobre todo si las ideas que se proponen requieren un cambio o una solución significativa.

Independientemente del número de personas que participen en el Intercambio de ideas, a continuación, se describe el proceso más eficaz:

1. Defina el problema

Antes de comenzar la Intercambio de ideas, debes identificar claramente el problema que estás tratando de abordar. Debe ser capaz de identificar las metas y objetivos específicos destinados a resolver el problema, así como las causas y los efectos. Si, por ejemplo, usted fracasa continuamente en una asignatura, su objetivo para resolverla debería ser, "aumentar el tiempo que paso en la biblioteca estudiando la asignatura", o "empezar a asistir a clases extras sobre la asignatura". El objetivo puede ayudar a pensar en el problema y la solución de una manera más abstracta.

2. Reconozca sus herramientas

El objetivo principal de un Intercambio de ideas es sacar las ideas de tu mente y ponerlas en un libro lo más rápido posible. Además de escribir, muchos utilizan mapas mentales y escritura de ideas (en caso de Intercambio de ideas en grupo) para ayudar a organizar sus pensamientos. Comienza anotando todas las ideas que tengas sobre el problema. Es importante notar que no hay malas ideas

3. Enfoque sus ideas

Una vez que hayas preparado y reconocido las herramientas para el Intercambio de ideas, debes comenzar a anotar las ideas que piensas lo más rápido posible. Profundiza en las ideas, que crees que son las más fuertes y que pueden ser implementadas para abordar el problema. Ten en cuenta que no hay malas ideas; piensa en muchas soluciones tanto como puedas para obtener una mejor solución.

4. Reduzca la lista de ideas

Después de hacer un mapa mental o una lista de ideas, enfóquese en reducir el número de ideas a 2 o 3. Para asegurarse de que las que elija son las mejores, hágase las siguientes preguntas:

- ¿Soy capaz de implementar esta idea con los recursos existentes que tengo?
- ¿La idea que he elegido ya ha sido implementada antes? ¿Y cuál fue el resultado final?
- ¿A quién tengo que convencer sobre la idea?
- ¿Esta idea necesita un cambio de comportamiento o un cambio cultural?
- ¿Es este el momento adecuado para la idea elegida?

5. Definir y actuar sobre la mejor solución

Después de reducir la lista de ideas a 2 o 3 ideas, ahora tendrás que analizar más a fondo la mejor solución de la alternativa. Revisar la solución que puede ser fácilmente implementada y luego planear la acción.

La taxonomía de Bloom y el pensamiento crítico

La taxonomía de Bloom es un conjunto de modelos jerárquicos utilizados para clasificar los objetivos de aprendizaje educativo, los niveles de complejidad y la especificidad. Es el ordenamiento jerárquico de las habilidades cognitivas que puede ayudar en la enseñanza y el aprendizaje. La taxonomía de Bloom es aplicable en vastas áreas del conocimiento, incluyendo el pensamiento crítico.

Habilidades de pensamiento de orden inferior

El pensamiento de orden inferior es la base de las habilidades necesarias para pasar al pensamiento de orden superior. Estas habilidades se enseñan bien en los sistemas escolares e incluyen actividades como la lectura y la escritura. En el pensamiento de orden inferior, la información no necesita ser aplicada a ningún ejemplo de la vida real. Sólo necesita ser comprendida y recordada.

Habilidades de pensamiento de orden superior

Las habilidades de pensamiento de orden superior distinguen el pensamiento crítico de los resultados de aprendizaje de orden inferior, como los que se sintonizan con las memorizaciones de memoria. Las habilidades de pensamiento de orden superior incluyen la síntesis, el análisis, el razonamiento, la comprensión, la aplicación y la evaluación. **HPOS** se basa en varias taxonomías del aprendizaje, especialmente la creada por Benjamín Bloom, que pone mucho énfasis en el análisis, la síntesis y la evaluación.

La taxonomía de Bloom está diseñada con seis niveles para promover el pensamiento de orden superior. El HPOS requiere la comprensión y la aplicación del conocimiento aprendido de las habilidades de pensamiento de orden inferior.

Los tres niveles superiores de la taxonomía de Bloom que se muestran en una pirámide son el análisis, la síntesis y la evaluación. Todos estos niveles de taxonomía implican un pensamiento crítico o de orden superior. Los estudiantes que pueden pensar son aquellos que pueden aplicar el conocimiento y las habilidades que han aprendido a nuevos conceptos.

Bloom y los Modelos de pensamiento crítico

La taxonomía de Bloom describe las áreas significativas en el dominio cognitivo. Los siguientes son los modelos esenciales del pensamiento según Bloom

Conocimiento

La taxonomía comienza definiendo el conocimiento como la capacidad de recordar material previamente aprendido, el conocimiento según Bloom representa el nivel más bajo de resultados de aprendizaje en el dominio cognitivo

Comprension

El conocimiento es seguido por la comprensión o la habilidad de captar el significado del material. Esto va más allá del nivel de conocimiento. La comprensión es el nivel más bajo de entendimiento.

Aplicación

Esta es la siguiente área de la jerarquía. Se refiere a la capacidad de utilizar el material aprendido en principios y teorías nuevas y concretas. La aplicación requiere un nivel de comprensión más alto que el de la comprensión

Análisis

Este es el siguiente nivel de taxonomía en el que los resultados del aprendizaje requieren una comprensión tanto del contenido como de la forma estructural del material

Síntesis

El siguiente nivel de taxonomía se refiere a la capacidad de unir partes para formar un nuevo todo. Los resultados del aprendizaje en este nivel acentúan los comportamientos creativos con un énfasis significativo en la formulación de nuevos patrones o estructuras. Se va más allá de confiar en la información previamente aprendida o de analizar el material, y se intenta juntar las partes o la información que se ha revisado para crear un nuevo significado o una nueva estructura.

Evaluación

Este es el último nivel de la taxonomía. Se refiere a la capacidad de juzgar el valor del material para un propósito determinado. Los resultados del aprendizaje en esta área son los más altos en la jerarquía cognitiva porque incorporan o contienen elementos de conocimiento, comprensión, aplicación, análisis y síntesis. También proporcionan un juicio de valor consciente basado en un criterio definido.

Capítulo 2: Marco y herramientas para el pensamiento crítico

En cada uno de los actos que realizamos o cualquier decisión que tomamos en nuestra vida diaria, el pensamiento es obligatorio. Empezando por qué comer, qué vestir, cómo manejar el trabajo escolar y los proyectos de trabajo, así como las decisiones de inversión que se deben tomar, todo requiere la participación activa de la mente. Algunas de las decisiones que se toman son de naturaleza compleja y requieren un pensamiento inteligente que, para este caso, es el pensar críticamente. Se sabe que las decisiones que requieren un pensamiento crítico tienen efectos duraderos en su vida, trabajo o negocio. Por ejemplo, una decisión de inversión en un negocio requerirá un pensamiento inteligente ya que sus finanzas, y la vida de su inversión pueden verse afectadas negativamente por una mala toma de decisiones. Otras decisiones, que son menores, como qué comer o qué vestir, no necesariamente requieren un pensamiento crítico.

Para llevar a cabo un pensamiento crítico de manera eficaz, es necesario comprender el marco y las herramientas del pensamiento crítico. Los académicos e investigadores han trabajado continuamente a lo largo de los años para crear el marco y las herramientas estándar del pensamiento crítico. Continúe leyendo este capítulo para comprender los fundamentos de las normas de pensamiento crítico universalmente aceptadas.

El Paso a paso hacia el pensamiento crítico y el cómo solucionar problemas

Un proceso de pensamiento crítico ayuda a nuestras mentes a concentrarse, en lugar de saltar a las conclusiones. Guía nuestras mentes a través de pasos razonables que amplían nuestras perspectivas, consideran las posibilidades, y ponen en evidencia los prejuicios al hacer juicios. El proceso de pensamiento crítico implica 6 pasos que se discuten a continuación:

1. Conocimiento

Al abordar un problema, la visión clara nos ayuda a estar en el camino correcto. Este primer paso en el pensamiento crítico identifica el problema o argumento que debe ser abordado. Es necesario hacer preguntas para tener una comprensión profunda del problema. Las preguntas en esta etapa deben ser abiertas para explorar y discutir el problema críticamente. Las dos preguntas principales a responder en esta etapa son:

- ¿Cuál es la situación?
- ¿Por qué necesito abordar el problema?

2. Comprensión

En el segundo paso, el problema se revisa más a fondo para entender los hechos que lo alinean y la situación. Se recogen datos sobre el problema mediante el uso del método de investigación. La metodología elegida depende del problema que se va a abordar, el plazo para resolverlo y el tipo de datos de que se disponga.

3. Aplicación

Este paso implica la evaluación continua del problema mediante la comprensión de los diferentes recursos y hechos utilizados para resolver el problema. La información y los recursos utilizados para abordar el problema se vinculan para determinar la mejor manera de abordar el problema. En esta etapa se pueden utilizar mapas mentales para analizar la situación.

4. Análisis

Una vez reunida la información y vinculada al problema principal, un pensador crítico analiza la situación para identificar tanto los puntos fuertes como los puntos débiles de la misma, así como los retos que se plantean durante la aplicación de la solución. En esta etapa se establecen las prioridades para determinar cómo se va a resolver el problema. Una de las técnicas comunes que pueden utilizarse para analizar el problema es el diagrama de causa-efecto, que se suele emplear para categorizar las causas del problema y el impacto.

5. Síntesis

Después del análisis del problema, se debe relacionar toda la información reunida y tomar una decisión sobre la solución del problema. El pensador crítico identifica las rutas a seguir para implementar la acción. Si hay más de una solución, deben ser evaluadas para encontrar la solución más ventajosa. Una herramienta común utilizada para sintetizar el problema es el análisis *SWOT* (English for strengths, weaknesses, opportunity, and threats of the solution).

DOFA en español que identifica las fortalezas, debilidades, oportunidades y amenazas de la solución.

6. Actúe acorde

En la etapa final del pensamiento crítico se realiza una evaluación de la solución que debe aplicarse. Si la solución implica un proyecto concreto, se pone en marcha un plan de acción para garantizar que la solución se ejecute según lo previsto inicialmente.

Marco del pensamiento crítico

El marco del PC (Pensamiento Crítico) sigue tres pasos principales que son:

- Claridad
- Conclusiones
- Decisiones

Claridad

¿Alguna vez se ha encontrado en una situación en la que se comunicaba o discutía un asunto con un amigo o un colega y no entendía su declaración? En tal caso, se encontrará continuamente haciendo las siguientes preguntas:

- ¿Podría dar más detalles sobre ese punto?
- ¿Podría dar un ejemplo?
- ¿Podría discutir ese punto desde otra dimensión?

Esas preguntas demuestran que la declaración o el tema que se comunica no es lo suficientemente claro para la otra parte, por lo que no es una buena base para el pensamiento crítico. Los problemas o cuestiones que se abordan suelen denominarse "enigmas o instigadores de pensamiento"

Como individuo, antes de entrar en el proceso de pensamiento crítico, es necesario tener una clara comprensión de lo que implica la situación que se está analizando. El problema puede ser en forma de una meta, un proyecto o una inversión. Así como siempre usted tiene una idea clara sobre el vestido que quiere llevar, la comida que quiere comer o el coche que quiere comprar, sus ideas de pensamiento crítico también deben ser claras. Un ejemplo de una afirmación poco clara es: "Necesitamos mejorar nuestro sistema educativo". En este caso, el problema no se ha esbozado claramente, y puede ser difícil discutir o abordar la cuestión. Una afirmación más precisa y realista sería aquella en la que se identificara el problema, como, por ejemplo: "Necesitamos mejorar nuestro sistema educativo revisando el programa de estudios que se utiliza en nuestras escuelas".

El pensamiento crítico basado en cuestiones poco claras suele dar lugar a decisiones mal tomadas que pueden afectarle a largo plazo. Asegúrese de tomarse el tiempo suficiente para analizar los temas que le preocupan para evitar tomar decisiones sobre bases poco claras. Por lo tanto, la claridad es la puerta de entrada al pensamiento critico.

Conclusiones

Tal como el nombre sugiere, concluir significa, resumir, o terminar. Habiendo obtenido una clara imagen de lo que implica el problema en discusión, usted como responsable de la toma de decisiones o parte de la misma, debe presentar un resumen de lo que pretende hacer en relación con el problema de la discusión. Una conclusión es una declaración que ofrece soluciones al problema que se está discutiendo. Contiene una lista de las medidas que deben adoptarse en el proceso de solución del problema identificado.

Muy a menudo, la gente asume que la conclusión y las decisiones son la misma cosa. Pueden ser bastante similares, pero en el proceso de pensamiento, las dos son totalmente diferentes con diferentes técnicas de enfoque. La conclusión aquí viene antes de la decisión y consiste en una lista de acciones o actividades a realizar que aún no se han puesto en práctica.

Como responsable de la toma de decisiones, se llega a las conclusiones después de examinar crítica y lógicamente el problema y analizar las posibles soluciones. Tras un análisis satisfactorio y el acuerdo mutuo de las partes implicadas, especialmente en las reuniones de negocios, se llega a una lista de posibles acciones que pueden utilizarse para tratar el problema en cuestión. Del ejemplo anterior, la conclusión sería: "Para revisar el plan de estudios, necesitamos adoptar un nuevo sistema educativo y educar a los profesores en relación con los cambios realizados".

Decisiones

A menudo usted toma decisiones en su vida. Puede decidir si se muda a un nuevo apartamento o si renueva el viejo. También puede decidir si se casa antes de conseguir un trabajo estable o si espera hasta que consiga el trabajo de sus sueños. Básicamente, no puede hacer nada en la vida sin tener que tomar una decisión.

Las decisiones determinan la eficacia de un proceso de pensamiento. Se toman siguiendo las conclusiones del paso anterior. La principal diferencia que existe entre las decisiones y las conclusiones, que por lo demás se utilizan indistintamente, es que las decisiones conllevan la aplicación real de la lista de acciones identificadas en el proceso de conclusiones. La adopción de una decisión entraña la determinación de si se aplicarán o no las medidas enumeradas en las prácticas de la vida real. Basándose en el ejemplo sobre la mejora del sistema educativo, dar el paso de capacitar a los profesores sobre los nuevos cambios del plan de estudios y su aplicación real es lo que se denomina decisiones.

Asegúrese siempre de que la decisión que tome esté alineada con las metas y objetivos establecidos, ya sea a nivel individual o de empresa.

Herramientas para el pensamiento crítico / estándares intelectuales

Hay nueve herramientas de pensamiento crítico universalmente aceptadas, que, si se adoptan, pueden mejorar sus habilidades de pensamiento crítico. Estos estándares intelectuales se utilizan siempre para determinar la calidad del razonamiento de uno. Incluyen:

Claridad
Fiabilidad
Precisión
Relevancia
Profundidad
Alcance
Lógico
Importancia
Equidad

Claridad

En el pensamiento crítico, la claridad de una declaración es esencial. Si la declaración o el problema que se va a abordar se plantea de forma poco clara, será difícil de entender. Si se utilizan declaraciones poco claras para tomar decisiones, el resultado es siempre incierto. El lenguaje utilizado en este caso debe ser fácilmente comprensible para las partes involucradas. Cuide el lenguaje y las creencias de los participantes para evitar el uso de términos que puedan dar lugar a significados contradictorios.

Tal vez se pregunte cómo diferenciar entre una declaración completamente clara y otra poco clara. He aquí un ejemplo que le ayudará a comprender la diferencia.

¿Qué hay que hacer en el tema de la escasez de alimentos? Esta pregunta no es clara y de alguna manera es difícil de abordar ya que uno no es consciente de lo que la persona que hace la pregunta considera que es el problema. La claridad en este caso se lograría señalando el principal tema de preocupación y reformulando la pregunta a, ¿qué necesita hacer el gobierno para asegurar que sus ciudadanos tengan suficiente suministro de alimentos y que no haya sequía y hambruna en el país?

La segunda pregunta es fácil de entender, por lo que resulta sencillo analizar las causas de la sequía y la hambruna y las posibles medidas para contrarrestarla. Un claro enunciado del problema hace que el proceso de pensamiento crítico sea efectivo. Asegúrese de hacer su declaración, pensamientos y argumentos claros.

Para lograr claridad, puede hacer las siguientes preguntas:
- ¿Puedes dar un ejemplo?
- ¿Puedes expresar la declaración de manera diferente?
- ¿Puedes explicar más detalladamente ese punto?

Fiabilidad

Puede llegar a una declaración que sea clara, pero no precisa. Puede que se pregunte cómo es posible, pero en realidad sucede en la mayoría de las ocasiones. La exactitud de una declaración se mide por la forma en que representa su información con lo que es en la vida real. Tiene que asegurarse de que la información que usa es correcta y libre de errores.

Como pensador crítico, antes de elegir cualquier información para usar en su argumento, primero debe hacerse las siguientes preguntas:
- ¿Esta información es verdadera?
- ¿Cómo y dónde puedo comprobar si es cierta?
- ¿Qué tan precisa es esta afirmación?

Tales preguntas evitarán que proporcione información que carezca de una buena base de apoyo. La mayoría de las veces, se encuentra justificando sus hechos e ideas diciendo que son exactos simplemente porque provienen de usted y termina considerando los de sus oponentes como los inexactos. Por lo tanto, es aconsejable que, como pensador crítico, no fuerce sus opiniones o las de un amigo a parecer exactas mientras carezca de medios para demostrar que la información es realmente válida. Asegúrese de que utiliza información adecuada y precisa para analizar su problema y sacar conclusiones viables.

El 70% de los jóvenes están desempleados.

La afirmación anterior parece clara, pero no es precisa para ser usada en un argumento. Para apoyarla, tal vez necesite buscar datos de investigaciones recientes sobre las tasas de desempleo y usarlos para apoyar su declaración. El uso de declaraciones generales en los argumentos es común y a veces puede conducir a la desinformación en la comunicación y la toma de decisiones.

Precisión

Como pensador crítico, puede que consiga tener una declaración concreta, pero no es preciso en ella. La precisión en el pensamiento crítico significa que ha incluido los detalles necesarios para hacer su declaración de manera clara. Por ejemplo, una afirmación como "Ana es vieja" no es precisa, ya que "vieja" es un término general utilizado para describir la edad. Las personas que leen o escuchan su declaración pueden preguntarse qué es exactamente lo que indica el nombre "vieja". Viejo puede entenderse como treinta y cinco, cuarenta, sesenta o incluso ochenta años. Por lo tanto, es necesario ser claro sobre la edad que se denota al decir viejo. Una declaración más precisa que será clara para todos sin dejar lugar a errores y dudas sería, "Jane tiene cincuenta y cinco años". Si decide utilizar unidades de medida para dar los detalles de su información, deberá asegurarse de que las unidades adoptadas para su uso sean claramente entendidas por todas las partes involucradas.

En caso de que una determinada información no le parezca precisa, puede formular las siguientes preguntas:
- ¿Puede proporcionar detalles adicionales?
- ¿Puede ser más específico?

Relevancia

La información relevante es aquella que está alineada con el tema en cuestión. Además, la relevancia en el pensamiento crítico puede utilizarse para describir una situación o un estado que puede servir para resolver el problema subyacente. El pensamiento relevante le mantiene como pensador en el camino correcto para tomar una decisión práctica. No es raro que encuentre que lo que está pensando no es relevante para el asunto en cuestión y esto ocurre principalmente cuando usted no tiene la máxima concentración, y le falta una buena disciplina en el pensamiento.

Un buen ejemplo de esto es cuando los empleados tienden a pensar que los esfuerzos que aplican en su trabajo deben contribuir a un aumento de salario. El esfuerzo no se relaciona directamente con el salario o el sueldo, por lo tanto, este argumento es irrelevante. La relevancia existe cuando las cuestiones están directamente relacionadas.

Para estar seguro de la relevancia de la información que proporciona, hágase siempre las siguientes preguntas sencillas:
- ¿Cómo se conecta este hecho con el problema en cuestión?
- ¿Cómo se relaciona esta idea con las anteriores?
- ¿Cómo se relaciona su argumento con la pregunta de discusión?

Profundidad

Tal como lo describe el nombre, la profundidad en el pensamiento crítico significa profundizar en el tema en cuestión. La profundidad aquí implica analizar profundamente el enunciado del problema para identificar los problemas subyacentes, así como los medios para manejarlos intelectualmente. La falta de un análisis profundo de un tema hace que sea difícil de manejar ya que no se identifican sus problemas de raíz.

El razonamiento y los argumentos superficiales en el pensamiento crítico están a menudo vinculados a la ausencia de un análisis profundo por parte del pensador crítico. Ello puede dar lugar a menudo a la adopción de decisiones deficientes basadas en argumentos y análisis superficiales del tema en cuestión. Un excelente ejemplo de un caso en el que no se aborda suficientemente la profundidad es, cuando se le pregunta ¿qué hay que hacer para reducir el uso de drogas en América? y usted sólo responde "Simplemente diga no". La respuesta es tan superficial y no da a la pregunta un análisis profundo.

Cuando se trata de centrarse en la profundidad de sus pensamientos como pensador crítico, aquí están algunas de las preguntas que debe hacerse:

- ¿Cómo se abordan las complejidades de la pregunta en las respuestas que da?
- ¿Cuán eficazmente está manejando las cuestiones importantes que preocupan del problema que se está discutiendo?
- ¿Cuán compleja es la pregunta o la afirmación que ha formulado?

Amplitud

Puede llegar a una declaración que sea clara, precisa, exacta, relevante, que tenga buena profundidad pero que no incorpore el aspecto de la amplitud. La amplitud en términos generales puede utilizarse para describir el alcance o la extensión de la información. Por lo tanto, al abordar una pregunta o declaración sobre un problema, asegúrese de considerar todos los puntos de vista pertinentes.

Lo más frecuente es que las personas tiendan a centrarse únicamente en sus puntos de vista, olvidándose de tomar en consideración las opiniones de la otra parte o simplemente de sus oponentes. En un momento u otro se ha encontrado con que ignora los puntos de vista de la oposición, ya que entiende que considerarlos probablemente le obligaría a reconsiderar sus puntos de vista o argumentos. Esta estrechez de miras hace que uno se conforme con las cosas que están a su favor por ejemplo, puede que no se sienta cómodo durmiendo con las luces encendidas, pero su compañero de cuarto prefiere dormir con las luces encendidas porque teme la oscuridad. Si toma una decisión basada en sus sentimientos, entonces el tema de la amplitud no habrá sido abordado. También debe considerar los puntos de vista de su compañero de cuarto y luego consentir en una decisión mutua.

Para centrarse en la amplitud, aquí están algunas de las preguntas que necesita hacerse como pensador crítico:

- ¿Hay alguna otra manera de abordar este tema?
- ¿Cómo se vería este argumento desde un punto de vista diferente?
- ¿Se consideran los puntos de vista de la otra parte?

Lógica

Cada vez que piensas, tiendes a juntar diferentes pensamientos e ideas. Estos diferentes pensamientos necesitan ser combinados en un patrón mutuamente consistente que tenga sentido, en tal caso, se dice que el proceso de pensamiento es lógico. Sin embargo, es común que como individuo tenga pensamientos inconsistentes que no se apoyan mutuamente, lo que se conoce como pensamiento no lógico. La inconsistencia de los pensamientos e ideas viene como resultado de las creencias conflictivas que existen en tu mente.

Un buen ejemplo de esto es, un empleador que analiza el desempeño de sus empleados y determina que se necesita entrenamiento adicional para mejorar su desempeño. A pesar de las pruebas, concluye que no hay necesidad de talleres y seminarios para los empleados. La conclusión no sigue lógicamente a las pruebas.

Algunas de las preguntas que tienden a ayudar a que todo lo que está pensando sea lógico incluyen:

- ¿Todos estos puntos de vista o argumentos encajan lógicamente?
- ¿Tiene sentido este punto de vista?
- ¿El argumento fluye en línea con lo que usted dijo anteriormente?

Importancia

Como pensador crítico, su punto de vista debe ser el más relevante para el tema que se aborda. Al pensar, tiende a tener en cuenta la mayoría de los aspectos que considera pertinentes para el tema que se examina, pero a menudo no comprende que no toda la información pertinente es igualmente importante en el proceso.

Un ejemplo que ayuda a comprender el aspecto de la importancia es cómo la mayoría de los estudiantes no se centran en las preguntas significativas como, ¿qué necesito para convertirme en un joven educado? Pero en cambio, se centran en cuestiones menos significativas como ¿qué necesito para obtener una A en este tema?

Determinar los puntos más significativos a considerar entre los muchos relevantes no es tan simple como puede parecer. Aquí están algunas de las preguntas que pueden guiarte en esto:
- ¿Cómo es ese punto de vista significativo en el contexto?
- ¿Cuál es la información más importante que se necesita para manejar el tema?
- ¿Cuál de los puntos de vista, ideas o conceptos es más significativo?

Equidad

Como un pensador crítico, siempre debe considerar la posibilidad de llegar a pensamientos o decisiones justificadas. Estos son pensamientos que han sido hechos justamente en el contexto.

La justicia aquí significa que no sólo debe defender las ideas o puntos de vista que funcionarán bien a su favor. También debería considerar las implicaciones de sus pensamientos en otras personas. No debería ser un pensador egoísta.

Aquí hay un ejemplo para ayudarle a entender la justicia. Usted vive con un compañero de cuarto que no puede concentrarse en los estudios con la música encendida, pero usted siempre pone la música diciendo que le consuela y argumentando que, si su compañero de cuarto quiere estudiar, debe visitar la biblioteca. El razonamiento aquí no es justo ya que se centra en los intereses de una parte.

Para lograr la justicia, puede poner en práctica las siguientes preguntas.

- ¿Es mi enfoque del tema justo, o está centrado en mis propios intereses?
- ¿Cuál será la implicación de mis pensamientos en los demás?
- ¿Están los puntos de vista representados de forma comprensiva?

Rasgos intelectuales

El hecho de tener que aplicar normas de pensamiento a los elementos de pensamiento crítico desarrolla rasgos intelectuales, que incluyen:

- Valentía intelectual
- Humildad intelectual
- Empatía intelectual
- Autonomía intelectual
- La integridad intelectual
- Perseverancia intelectual
- Equidad
- Confianza en la razón

Capítulo 3: Beneficios del pensamiento crítico

El pensamiento crítico es un concepto muy significativo que no sólo es relevante para el ámbito académico sino también un modelo crítico de la vida real, que se utiliza para construir habilidades eficientes y exitosas para la resolución de problemas. La técnica implica la aplicación de la lógica para mejorar la toma de decisiones más razonable. Los principales beneficios del pensamiento crítico son:

Comprensión de los diferentes enfoques de un problema. Con el pensamiento crítico, se toma automáticamente conciencia de los diferentes enfoques de cada situación, incluida la capacidad de evaluar esos enfoques. En lugar de confiar en un método estándar uniforme de solución de problemas, puede aprender a identificar enfoques más valiosos, lo que aumenta el éxito en la solución de problemas.

Ahorre tiempo. Con el pensamiento crítico, podrá tener una mentalidad que le ahorrará tiempo. Aprenderá que no toda la información es importante al evaluar un problema. Serás capaz de filtrar lo relevante de la información irrelevante. El pensamiento crítico te enseña a invertir tu tiempo y recursos sólo en herramientas esenciales. Esto también asegura que sólo consideres la mejor decisión.

El pensamiento crítico te permite apreciar las diferentes visiones del mundo. El pensamiento crítico te permite desarrollar empatía, lo que abre tu mente a diferentes puntos de vista. Podrás ver más allá y nunca juzgar los argumentos basados en normas culturales u otros factores diferentes. Esta comprensión y empatía son muy claves para el liderazgo y el trabajo en equipo efectivo.

El pensamiento crítico mejora la comunicación. Construyendo y analizando su evidencia para cada premisa dada, usted se convertirá en un comunicador efectivo. El pensamiento crítico le permite desarrollar puntos relevantes que apoyan sus argumentos y mejora su comunicación.

El pensamiento crítico promueve la toma de decisiones. El pensamiento crítico transforma la capacidad de tomar decisiones. Usted será capaz de abandonar las conjeturas y la intuición en la toma de decisiones y comenzar a adoptar métodos más analíticos para tomar decisiones acertadas

Aumento de la capacidad de razonamiento. Como pensador crítico, podrás convertirte en un solucionador de problemas más equilibrado. También serás consciente de dos tipos de razonamiento, el inductivo y el deductivo, y sabrás cuando aplicarlos. La toma de decisiones fundamentadas hace que el proceso de resolución de problemas sea más eficaz.

Cualidades de un buen pensador crítico

Los buenos pensadores críticos demuestran las siguientes cualidades:

- Inquisición en relación con diversos temas
- Interés en estar bien informado
- Atento a las situaciones que promueven el pensamiento crítico
- Confianza en su capacidad de pensar
- Una mente abierta con respecto a la visión del mundo
- Estar alerta a los posibles acontecimientos futuros con el fin de anticipar las consecuencias
- Escuchar y comprender la opinión de los demás

- La honestidad para enfrentar los estereotipos, prejuicios y tendencias personales
- La prudencia en la alternancia, la realización o la suspensión de los juicios

Cuando aplicar el pensamiento crítico

En la sección anterior se ha examinado la importancia del pensamiento crítico y las definiciones del mismo. Ha habido mucha evolución que puede obligar a pensar la mayoría de las veces de forma crítica. El pensamiento crítico ha sido útil para muchos, pero no se recomienda aplicarlo siempre. No sólo hay que saber dónde aplicar el pensamiento crítico, sino también cuándo usarlo.

Existe una regla para decidir si se debe utilizar el pensamiento crítico en una situación particular cuando la respuesta a un problema, iniciativa, objetivo o circunstancia es significativa. Por lo tanto, se puede utilizar el pensamiento crítico cuando el resultado marca una diferencia sustancial en su industria o en su posición individual, es decir, un correo casual sobre dónde salir a cenar no puede ser espantoso si hay un malentendido. Un correo mal entendido sobre los requisitos de un derecho o un problema del cliente puede tener implicaciones de gran alcance. Debido a esto, puede verse obligado a utilizar al menos el pensamiento crítico en el correo que describe el problema de un cliente como divergente a los correos sobre la cena.

A continuación, hay una lista de ejemplos sobre dónde y cuándo podría verse obligado a usar el pensamiento crítico. La lista se ha dividido en tres, y la primera lista contiene funciones comerciales de alto nivel, la segunda lista incluye objetivos comerciales específicos, y la tercera lista contiene actividades diarias que muchas personas utilizan para mejorar sus visiones comerciales.

Cuando se dispone de herramientas de pensamiento crítico, se puede añadir fácilmente la lista con las áreas de una especificación de su trabajo.

El pensamiento crítico aparece principalmente en las descripciones de los puestos de trabajo, en los currículums, en la redacción de los CV y en las características deseables. Hay diferentes maneras de utilizar el pensamiento crítico en funciones empresariales de alto nivel, como se indica a continuación:

- Cuando una propuesta de proyecto tiene metas con fechas y resultados concretos, pero las personas no pueden superar el plazo establecido.
- Hay un cambio de norma sin ninguna explicación detallada.
- Datos de rastreo y muestreo individual no logran mejorar el resultado previsto.
- Cuando haces una llamada para determinar el origen de un problema, y obtiene una respuesta inesperada.
- Los bienes entregados no coinciden con las facturas o gastos.
- Incremento en los gastos y no coinciden con la disminución de las inversiones en reducción.
- Las conclusiones de los datos no se suman ni tienen sentido.
- Hay una pendiente en el gráfico de un bien que ha sido proyectado.
- Los clientes se quejan de que las tasas son muy diferentes de lo que usted ha dignificado.

Para mejorar algo

- Disminuir el costo de la atención al cliente en un 25 por ciento y aumentar la satisfacción del cliente.
- Aumentar la productividad.

- Está mejorando la comunicación entre su departamento y los demás.
- Ayuda en la determinación de cómo cambiar los planes de marketing y ser mucho más competitivo.
  - Aumenta la producción de su negocio.
  - Disminuye los costos en un 25 por ciento.
  - Estás encontrando y contratando más candidatos cualificados y profesionales.
  - Determina qué esperar con los crecientes gastos de atención médica.
  - Acortar los tiempos de desarrollo en un tercio.
  - Está disminuyendo el tiempo de reparación en un 20 por ciento.
  - Acortamiento del pedido a la mitad.
  - Estamos incrementando la calidad de los productos para aumentar la calificación de los clientes.
  - Estamos mejorando el resultado de las campañas publicitarias.

El pensamiento crítico que se utilizará en el futuro tiene que ser considerado:

- ¿Cómo se puede desarrollar un nuevo bien que puede traer la competencia con las nuevas operaciones ahora que se ha llevado a cabo?
- Dos empleados importantes acaban de irse... ¿ahora qué?
- El bien heredado que da la mayoría de sus ingresos y ganancias tiene un alto índice de desgaste. ¿Qué debería hacer?
- ¿Cómo puede evitar que un evento desagradable vuelva a ocurrir?
- ¿Cómo puede imitar lo que hizo para el próximo período?

- ¿Está dispuesto a construir o comprar su manera de extender la disposición de su contribución
- ¿Cómo puedes ampliar tu estrategia financiera?
- Teniendo un presupuesto, ¿cómo puedes lograr tus objetivos?
- ¿Cómo aumentar la progresión de su ocupación?

Actividades diarias específicas donde se puede utilizar el pensamiento crítico

- Ensamblar y fijar algo
- Asistencia a las reuniones
- Evaluación de los riesgos
- Entrenamiento
- Dirigiendo clases de lluvia de ideas

Cuando usar el pensamiento crítico

- Creación e interpretación de encuestas
- Crear presentaciones
- Participar en la planificación de actividades financieras
- Participar en conversaciones cara a cara
- Evaluación de la propuesta
- Saber cuándo seguir o no
- Organización
- Planificación del calendario
- Preparación del discurso
- Priorización
- Leer para prestar atención a las palabras subyacentes
- Revisión del contrato
- Revisión de la hoja de cálculo
- Establecimiento de objetivos

- Ajuste métrico
- Enseñanza
- Redacción de correos electrónicos, direcciones, propuestas e informes
- Redacción y realización de la representación de avalúos.

El pensamiento crítico puede ser usado en casi todos los lugares de sus negocios y actividades de vida, pero debe ser selectivo. Puedes elegir usar el pensamiento esencial sólo cuando creas que el resultado va a producir o hacer alguna variación. El pensamiento crítico pretende identificar información fiable y hacer complementos fiables. Comprende las habilidades de la mentalidad que pueden mejorarse a través de la comprensión de las percepciones significativas, la formación y la solicitud. Hay muchas etapas que fortalecen el desarrollo de un pensador crítico:

- **Etapa uno:** pensador irreflexivo
- **Segunda etapa:** pensador desafiante
- **Etapa tres:** pensador principiante
- **Cuarta etapa:** pensador practicante
- **Etapa cinco:** pensador avanzado
- **Etapa seis:** maestro pensador

Puedes desarrollar todos estos pasos sólo si aceptas que hay problemas en nuestro pensamiento y comienzas una práctica regular.

Capítulo 4: Rutinas para mejorar el pensamiento crítico

Hay algunas rutinas que, si las practicas continuamente, pueden mejorar significativamente tus habilidades de pensamiento crítico. Estas prácticas rutinarias incluyen lo siguiente:

Respirar profundamente

Participar diariamente en la respiración profunda del vientre o en los descansos cerebrales puede ayudar significativamente a concentrar mejor la atención. No sólo aumenta la concentración y el enfoque, sino que también mejora la felicidad diaria y aumenta sus niveles de calma, a la vez que disminuye el estrés y la ansiedad. La respiración profunda reduce el ritmo cardíaco, disminuye la presión arterial y agudiza la capacidad de concentración de la mente, todo lo cual es crucial para un pensador crítico capaz.

La respiración profunda también le ayuda a controlar sus emociones, y manejará con calma las situaciones que tienen consecuencias emocionales elevadas, ya que tiende a pensar con claridad y a sentir mejor los problemas cuando está tranquilo. Además, cuando se toma el tiempo para respirar lentamente hacia adentro y hacia afuera, evoca una respuesta de relajación que lo calma y lo vigoriza. Le ayudará a funcionar mejor durante el día y a dormir mejor durante la noche.

Los estudios han demostrado que la respiración controlada aumenta el estado de alerta, reduce el estrés y refuerza el sistema inmunológico. También mejora sus niveles de concentración y mejora su vitalidad. Estas son habilidades vitales de un pensador crítico capaz.

Sea un lector entusiasta y un sintetizador de la Información que escucha

Un pensador crítico competente siempre se esfuerza por obtener diariamente nueva información para estar al día y estar bien informado de lo que sucede en su entorno. La mejor manera de estar siempre informado es leer activamente materiales que tocan una amplia gama de temas de diversas fuentes. A continuación, debe combinar la información de las múltiples fuentes y añadir su análisis de la literatura del tema que está manejando, esto es lo que se denomina síntesis. Al sintetizar, significa que usted entiende lo que está leyendo y puede proporcionar una nueva interpretación o análisis de esas fuentes.

Para que usted sintetice mejor la información, siempre debe evaluar la exactitud y veracidad de las declaraciones, afirmaciones e información que usted lee y escucha. Una vez que domine el arte de la evaluación, podrá separar los hechos de la ficción y la exactitud de la confusión. Debe considerar la información de forma analítica y crítica, y debe hacerse preguntas sobre la fuente de la información. Averigüe si las fuentes son expertas en el área en cuestión y si una investigación de calidad puede respaldar la información o la opinión que está leyendo. Agudiza tus habilidades críticas cuando cuestionas la información que se te presenta de forma intencionada y frecuente.

Practicar la autocomplacencia

Una charla positiva sobre uno mismo es una herramienta poderosa para aumentar la confianza y controlar las emociones negativas. Si dominas el autocontrol positivo, terminarás siendo más seguro, motivado y productivo.

Tus pensamientos son la fuente de tus emociones y tu estado de ánimo. Las conversaciones que tienes contigo mismo pueden ser destructivas o beneficiosas. Influyen en cómo te sientes sobre usted mismo y cómo respondes a las situaciones de tu vida.

La autoconversación es nuestra voz interior o monólogo. Es la forma en que planeamos, resolvemos problemas, practicamos el pensamiento crítico y reflexionamos.

La auto charla positiva normalmente consiste en palabras que inspiran, que motivan; ese aire que nos recuerda que nos concentremos y sigamos moviéndonos. Recuerde lo último que se dijo a usted mismo y si fue positivo o negativo. Necesita practicar el diálogo positivo para mantenerse inspirado, motivado y centrado en el pensamiento crítico.

Practique el establecimiento de metas

Establecer tus metas es muy crucial si quieres vivir una vida exitosa y satisfactoria. Cuando tienes metas, tiendes a esforzarte por alcanzarlas. Los pensadores críticos son prudentes y pacientes cuando se fijan metas para ellos mismos. Establecer metas y luego mirarlas desde una perspectiva SMART. Establecer objetivos que sean específicos, medibles, alcanzables, realistas, y que puedan ser alcanzados en un plazo determinado. Estar dispuesto a empezar en pequeño y trabajar hasta completar su visión como un pensador crítico capaz.

Conozca sus debilidades

Todo el mundo tiene fortalezas y debilidades, y usted también las tiene. Para ser un pensador crítico práctico, siempre debe averiguar si hay algo que necesita mejorar y empezar a dar pequeños pasos para hacerlo. Por ejemplo, si quiere ser un mejor oyente, entonces necesita aprender cómo puede evitar ser impaciente y autoritario cuando los demás están hablando. Si desea mejorar su capacidad de pensamiento crítico, reconozca sus debilidades y haga un plan proactivo para desarrollarlas y actuar en consecuencia.

Viaje extensamente

Los buenos pensadores críticos nunca dejan de aprender. No hay mejor manera de obtener nuevos conocimientos y experiencias que viajando mucho. Siempre hay algo nuevo por descubrir, sin importar dónde nos encontremos en la vida. Ser un aprendiz de la vida mantiene tu mente fresca y joven. Viajar ampliamente, por lo tanto, es un hábito crucial de pensamiento crítico que se debe tener. Una vez que haya adquirido información, debe combinarla con acciones relevantes. Para reforzar lo que ha aprendido, practique y juegue con sus nuevas habilidades y así consolide el aprendizaje en su cerebro.

Mejores prácticas para mejorar la capacidad de pensamiento crítico

No pierda el tiempo

Los pensadores críticos capaces nunca se involucran en actividades o eventos que hagan perder el tiempo. Siempre deben esforzarse por usar su tiempo de manera productiva. Para evitar perder tiempo, siempre asegúrese de planear bien su día con antelación. Practique la planificación estratégica. Evite vivir de forma reactiva ya que esto puede hacerle perder el control de su vida. También debe controlar su tiempo. Intente medir su tiempo durante una semana o incluso un día. Esto le ayudará a identificar las porciones de tiempo mal utilizadas, después de lo cual podrá tomar acciones decisivas para corregirlo.

También debería aprender a priorizar su día. Asigne más tiempo a las cosas esenciales que tienen un impacto significativo en su vida.

Aprende cosas nuevas cada día

Como excelente pensador crítico, siempre debe aspirar a aprender algo nuevo cada día. Sea curioso sobre su mundo y sea consciente de cuánto tiene que aprender diariamente. Los estudios demuestran que aprender algo nuevo cada día ayuda a mejorar el rendimiento de su cerebro en varias tareas y le ayuda a aprender aún mejor. También mejora su velocidad de aprendizaje. Las neuronas de su cerebro se estimulan cuando recibe nueva información. Se forman más vías neuronales, y los impulsos eléctricos viajan más rápido a través de ellas a medida que intenta procesar más información. Cuantos más canales se creen, más rápido podrán moverse los impulsos, y mejor se convertirá en un pensador crítico.

Tener una mente inquisitiva

Una mente inquisitiva es una herramienta esencial del pensamiento crítico. El pensador crítico ideal posee una mente interrogante. La clave para un pensamiento poderoso es hacer preguntas. Cuando haces preguntas, tienes éxito como pensador crítico. El cuestionamiento forma nuevos patrones en el cerebro. Cuantos más patrones se desarrollan, más flexible se vuelve. Con la flexibilidad, puede acceder a la información ya almacenada en su mente.

Practica la escucha activa

Un buen pensador crítico es un oyente activo. La escucha activa puede ser adquirida y desarrollada con la práctica. Necesita concentrarse completamente en lo que se dice en lugar de escuchar pasivamente el mensaje del orador. Implica escuchar con todos los sentidos y prestar toda su atención al orador. Evite las distracciones cuando los demás estén hablando. Practique habilidades útiles no verbales como mantener el contacto visual, asentir con la cabeza, hacer preguntas cuando esté entablando una conversación con otros. La escucha activa le ayuda a recordar mejor los detalles de la información que escucha. También ayuda a comprender mejor el pensamiento crítico.

Cómo mejorar las habilidades de pensamiento crítico en la universidad

Las habilidades de pensamiento crítico toman tiempo, paciencia y práctica para desarrollarse y crecer. Si eres un estudiante universitario, necesitas practicar lo siguiente para construir y fortalecer tus habilidades de pensamiento crítico:

Ser consciente de sí mismo

Para mejorar sus habilidades de pensamiento crítico, necesita ser consciente de usted mismo. Necesita cambiar algunas de sus prácticas, comportamientos y creencias antiguas. Para comprometerse críticamente con las teorías, ideas y el trabajo de otros, necesita desarrollar la autoconciencia. Averigüe qué es lo que le motiva a usted y cuáles son sus valores fundamentales.

Forme o únase a un grupo de estudio

Las investigaciones muestran que los estudiantes que participan en discusiones con otros sobre diversos temas mejoran sus habilidades de pensamiento crítico. Los grupos de discusión los exponen a diferentes opiniones, enfoques y sentimientos de los demás.

Únete a una sociedad de debate

Los debates sirven para inspirarle de mejor manera. También puede obtener nuevos conocimientos desde el foro de debates. Los estudios muestran que el debate es una herramienta valiosa para mejorar sus habilidades de pensamiento crítico.

Asistir a seminarios esenciales de pensamiento y formación

Si su curso le da la opción de tomar pensamiento crítico, inscríbase en él. El pensamiento crítico puede ser enseñado y aprendido. También puede revisar opciones externas de seminarios y talleres sobre el pensamiento crítico. Podría ser una gran manera de mejorar sus habilidades en este sentido.

Participar críticamente con el contenido de su curso

Al completar su tarea, pregúntese si ha ido un poco más allá de demostrar una comprensión básica del tema. Necesita analizar su argumento y sintetizar toda la información disponible antes de sacar sus conclusiones.

Estrategias para desarrollar el pensamiento crítico en los estudiantes

El famoso psicólogo, Lawrence Balter insiste en que la razón por la que los niños deben crecer es la crítica en sus conclusiones. El principal objetivo de la educación no es formar un gran grupo de personajes de la misma opinión con un poderoso sentimiento de estudio. Hay un filósofo chino que dijo una vez que "aprender sin pensar es un trabajo perdido", esto significa que pensar sin aprender es peligroso. Si quieres mejorar y tener nuevas aclaraciones sorprendentes sobre la sobreabundancia de dificultades en su interior, entonces debes permitir a los profesores desarrollar el pensamiento crítico en los estudiantes desde una edad temprana. A continuación, se presentan las formas en que los profesores pueden ayudar a desarrollar las habilidades de pensamiento crítico en los estudiantes que pueden ser de ayuda para ellos en el futuro y en sus vidas.

Preguntas abiertas

Romper el aprendizaje de memoria es esencial, pero a veces te ves obligado a romper esa monotonía. Lo hará haciendo preguntas abiertas a los estudiantes que los obliguen a pensar. Puedes tomar un ejemplo en el que un profesor de historia está preguntando a los estudiantes las razones por las que un proyecto de ley específico fue aprobado en una asamblea, haciéndoles entender el punto de hacer la contribución y tener opiniones diferentes a las suyas.

Resolución de problemas

Puede desafiar a sus estudiantes con una pregunta difícil, lo que ayudará a aumentar su capacidad de pensamiento crítico. Les ayudará a hacer uso de las propiedades que tienen y a producir resoluciones creativas. Darles un problema con el que puedan relacionarse como cuando es una pregunta de matemáticas, conectarlo con el viaje que hacen a la escuela o cualquier cosa que gire en torno a las operaciones de la escuela puede ser una mejor opción.

Inspirar la creatividad

Puedes tener una convención en la que haces que los estudiantes estudien una fórmula fija creada para resolver un problema. Esto puede limitar su esencia creativa y hacer que pierdan la esperanza en el uso de su información o datos. Puedes intentar algo como pedirles que den recomendaciones para catalizar la aceleración de la producción de un producto químico puede ser una opción favorable. Pasarán por varios incentivos y evaluarán sus propiedades. Cuando se trata de niños más pequeños, se puede utilizar el tiempo de juego y el aprendizaje que puede ser muy productivo.

Juegos interactivos

Podemos referirnos a estos juegos como juegos de cerebro o de mente, ya que empujan a un jugador a pensar duro y rápido para ganar. Tener una recompensa será atractivo y les hará seguir adelante y practicar el pensamiento crítico. Puedes tener muchas opciones en los juegos de pensamiento libre y mentes excelentes. Cuando tienes juegos con recompensas, entonces puede ser excelente para motivar y desarrollar el pensamiento crítico.

Impartir la independencia

En cualquier momento les dará a sus estudiantes respuestas a las preguntas, entonces dependerán de usted para todas las respuestas. Esto puede afectarlos, y no se desempeñarán bien en exámenes o pruebas, o cuando una pregunta se tuerce de manera diferente. Permítanles pensar por sí mismos para ayudarles a entender la creatividad.

Ejemplos finales

Alguien que comienza una clase puede no entender lo que implica el pensamiento crítico, por lo que hay que dar ejemplos para ayudar a entenderlo fácilmente. Puedes decir a los principiantes cómo los pensadores críticos han sido capaces de resolver problemas de manera eficiente y cómo han sido recompensados por sus capacidades.

Clasificación

Tienes que hacer que tus estudiantes sepan organizar sus opiniones no planeadas. A partir de este punto es cuando usted podrá obtener la calificación. Hágalos practicar cómo clasificar sus problemas en grupos, y esto hará que sean capaces de evaluar los que mejor se adapten a sus situaciones.

Lecciones de vocabulario

Al desencadenar el proceso creativo interno de los estudiantes, el cerebro no es suficiente. Debe enseñar a sus estudiantes cómo expresarse. Una vez que los estudiantes han organizado los temas que tienen en sus mentes, enséñeles términos esenciales como preciso, autoridad, racional, sesgo entre muchos otros.

Las conexiones de la mente

Cuando sus estudiantes están aprendiendo a preparar sus mentes para llevar a cabo una lluvia de ideas, esto les genera la expectativa de descubrir cómo se relacionan sus ideas con las de los demás. Tienen que resumir las ideas planteadas, hacer una comparación de puntos, encontrar similitudes, medir las diferencias y saber por qué una buena respuesta elegida es la correcta. Aunque puede haber más de una respuesta correcta

Demostraciones

Tener ejemplos de pensadores críticos es muy inspirador y para lograrlo hay que mostrar a los estudiantes cómo se hace. Tener eventos prácticos de identificación de problemas, sopesar los pros y los contras, y finalmente llegar a una decisión lógica.

Debates productivos

Involucre a sus estudiantes en una discusión que les permita mostrar y probar sus habilidades de pensamiento crítico. Esto les dará pie para discutir por su cuenta y conocer sus debilidades y las de los demás, entre otras cosas.

Evaluación de los compañeros

Generar una sana competencia entre los estudiantes con sus compañeros tendrá mucho sentido, pues se supone que deben interactuar basados en el pensamiento crítico entre ellos. Cuando reboten en las ideas, entonces aprenderán a distinguir las ventajas y desventajas de la opinión de cada uno y a sacar conclusiones independientes de su pensamiento.

Como enseñar el pensamiento crítico en las escuelas

Las habilidades de pensamiento crítico están ganando importancia en la educación primaria, y enseñarlas puede ser un desafío para los maestros en las escuelas. La forma en que evaluamos las habilidades esenciales de pensamiento y las incorporamos a nuestras lecciones diarias es realmente crítica, y por ello se hace necesario esa experiencia:

Conectar varias ideas

Reunir muchas ideas es de gran importancia si se pretende capacitar en pensamiento crítico. Por ejemplo, los maestros de escuela pueden preguntar a los estudiantes sobre quién toma el autobús para ir al trabajo, y si hay uno, por qué sería esencial tener un programa de entrenamiento. Estas preguntas ayudarán a los estudiantes a tener consideraciones sobre varias situaciones y soluciones que pueden ayudar a llevar el conocimiento a nuevos contextos.

Intercambio de ideas

Es una excelente herramienta para ayudar a mejorar la educación. También es una excelente herramienta en el ejercicio del pensamiento crítico, más aún cuando se juntan elementos visuales que vienen junto con el pensamiento original y las interacciones en el aula.

Incorporación de varios puntos de vista

Este es uno de los mejores ejercicios que los estudiantes pueden utilizar para explorar conceptos desde múltiples perspectivas. Este proceso no sólo establecerá cómo debe evaluarse una idea desde varios puntos de vista, sino que también dará a los estudiantes la oportunidad de compartir sus opiniones y al mismo tiempo recibir opiniones nuevas de los demás mientras escuchan e interactúan.

Estrategias de enseñanza para la capacidad de pensamiento crítico

Pensar críticamente no implica sólo pensar, sino también pensar independientemente. La mayoría de los estudiantes que han dominado las habilidades de pensamiento crítico pueden desarrollar la destreza de identificar y separar los efectos que pueden moldear su personalidad y los que no. Se necesitan algunas estrategias para mejorar el pensamiento crítico.

1. *Tener técnicas de cuestionamiento*

Tener una pregunta es una herramienta esencial para mejorar la capacidad de pensamiento crítico. Esta estrategia es sencilla y puede ser fácilmente mejorada por los estudiantes. Crear artículos que le den a los estudiantes una capacidad de pensamiento extra. Hacer preguntas que tengan una respuesta de sí o no. Estos temas proporcionarán a las personas plataformas para medir sus conocimientos sobre un tema. Hacer preguntas que puedan lograr que piensen más profundamente por muy complicado que esto sea.

2. Discusiones dirigidas por los estudiantes

Los entornos de aprendizaje de los estudiantes favorecen sus habilidades de pensamiento crítico logrando que los estudiantes reflexionen meta cognitivamente. En un aula, los estudiantes dependerán de sus compañeros para responder las preguntas que les haga su profesor. Usted puede utilizar un juego de misterio en el que los estudiantes dependerán solo de ellos mismos para obtener las respuestas. Es un proceso fantástico porque podrá apreciar cómo los estudiantes interactúan en el aprendizaje. Esto hará que estén concentrados durante toda la lección, y ni siquiera se darán cuenta de que el profesor está en la clase. El proceso hará que la experiencia sea poderosa y apropiada para conseguir la colaboración de todos los estudiantes.

3. Aprendizaje basado en la investigación

Los estudiantes deben tener interés en lo que están estudiando. El aprendizaje basado en la investigación es esencial ya que implica que los estudiantes crezcan en el proceso de aprendizaje y se involucren en las habilidades de pensamiento crítico. Este proceso implica no solo el aprendizaje de los estudiantes, sino también el activar la concentración y el interés. Para tener un aprendizaje de investigación exitoso, usted debe crear preguntas a las que ellos querrán respuestas. Los estudiantes deben ser capaces de hacer preguntas de pensamiento de alta complejidad.

4. Colaboración

Un aspecto esencial del pensamiento crítico es la capacidad de hacer preguntas y examinarlas. Cuando los estudiantes se asocian con sus compañeros, se promueve la construcción de un carácter propio que mejora la independencia y el pensamiento crítico. Usted debe tener tiempo durante toda la lección y ayudarlos a establecer conversaciones con sus compañeros e intercambiar ideas. Esto permite a los estudiantes a aprender entre ellos, por lo que puede ayudar a eliminar la confusión y los malentendidos. La colaboración será de gran ayuda en la expansión del pensamiento de los estudiantes al mostrar que cada uno tiene una capacidad de raciocinio diferente.

5. *Estudio basado en problemas*

Esta estrategia brinda a los estudiantes la posibilidad de poner en práctica habilidades de pensamiento crítico al darles una estructura para la inventiva y la creatividad, lo que les ayudará a tener una comprensión más profunda. Los pasos son fáciles de aplicar y pueden ser usados repetidamente para diferentes temáticas.

- Explorar un tema o dificultad específica.
- Investigar y hacer una lluvia de ideas.
- Desarrollar soluciones y presentarlas a toda la clase.
- Crear una llamada a la acción y establecer los pasos a seguir.

Capítulo 6: Tipos de pensamiento crítico

El razonamiento lógico (o sólo la "lógica" para abreviar) es uno de los pilares del pensamiento crítico. Funciona sacando a relucir temas como:

- Si esto es cierto, ¿qué más debe ser cierto?
- Si esto es cierto, entonces ¿qué más es probable que sea cierto?
- Si esto no es verdad, ¿qué más no puede ser verdad?

Todas estas son conclusiones: son asociaciones entre una declaración dada (la "premisa") y alguna otra declaración (la "conclusión"). Las conclusiones son las estructuras esenciales del pensamiento lógico. Los principios estrictos que rigen lo que se considera una inferencia válida y lo que no, es como las matemáticas aplicadas a las frases en contraposición a los números.

Ejemplo: Si hay alguien en la entrada, el perro ladrará.

Esperando que esta frase sea cierta, algunas frases diferentes deben ser igualmente válidas.

1. Si el perro no ladró, no hay nadie en la entrada.
2. El hecho de que el perro haya ladrado no significa que haya alguien en la entrada.

Hay también un par de frases que son probablemente válidas, por ejemplo,

1. El perro puede detectar (oír u oler) cuando alguien está en la entrada.
2. El perro pertenece a los individuos que viven en la casa donde se encuentra la entrada.

Razonamiento lógico

Hay tres tipos principales de lógica, cada uno caracterizado por su propio tipo de conclusión.

Una deducción es cuando la conclusión, basada en las premisas, debe ser válida. Por ejemplo, si los hechos demuestran que el perro siempre ladra cuando alguien está en la entrada, y los hechos confirman que hay alguien en la entrada, entonces los hechos deben probar que el canino ladrará. La realidad es desordenada y no siempre encaja con las limitaciones del razonamiento deductivo (lo más probable es que no haya perros que siempre ladren cuando alguien está en la entrada). El pensamiento deductivo es todavía significativo en campos como el derecho, la ingeniería y la ciencia, donde los hechos estrictos todavía se sostienen. Todas las matemáticas son deductivas.

La inducción es el punto en el que la conclusión, dadas las premisas, es más probable. Las respuestas apropiadas son menos concluyentes que en el razonamiento deductivo, pero suelen ser más útiles. La inducción es nuestro único método para predecir lo que ocurrirá más adelante: miramos cómo son las cosas, y cómo han sido anteriormente, y hacemos una predicción informada sobre lo que probablemente ocurrirá.

Todas las predicciones, sin embargo, dependen de la probabilidad, no de la certeza: por ejemplo, es muy probable que el sol salga mañana por la mañana. Sin embargo, no está garantizado, ya que hay una amplia gama de calamidades que podrían ocurrir desde ahora hasta entonces.

La Abducción es cuando la conclusión es la mejor suposición. Comienza comúnmente con un arreglo fragmentado de observaciones y continúa con la explicación más probable concebible. El pensamiento abductivo produce el tipo de toma de decisiones diarias que hace lo mejor con la información a mano, que casi siempre es incompleta. Un diagnóstico médico es un ejemplo de razonamiento abductivo: dado un conjunto de síntomas, ¿qué diagnóstico explica mejor la mayoría de ellos, si no todos? Un paciente puede estar dormido o no informar de todos los síntomas, haciendo que la evidencia sea incompleta. Un médico debe dar un diagnóstico que podría no cubrir todos los síntomas.

Razonamiento científico

El razonamiento científico es el pilar que sostiene toda la estructura de la lógica que subyace a la investigación científica. Es un reto investigar todo el proceso, con cualquier detalle, porque la naturaleza precisa cambia entre las diferentes disciplinas científicas.

Cuatro establecimientos fundamentales subyacen al pensamiento, uniendo el ciclo del razonamiento científico.

Observación
La mayoría de las investigaciones tienen como estructura subyacente la observación. La observación de los fenómenos naturales es lo que lleva a un especialista a abordar lo que está sucediendo y comenzar a definir las preguntas e Hipótesis científicas. Cualquier Hipótesis y teorías deben ser examinadas contra los datos observables.

Teorías e Hipótesis
En esta etapa, el investigador propone las posibles razones del fenómeno, las leyes de la naturaleza que controlan el comportamiento. La investigación científica utiliza diferentes procedimientos de razonamiento científico para tocar la base de un tema de investigación práctica y la teoría. Una Hipótesis es, en su

mayor parte, separada en teorías individuales, o problemas, y probada constantemente.

Predicciones

Un buen investigador necesita predecir las consecuencias de su investigación, expresando sus pensamientos sobre el resultado del ensayo, frecuentemente como una Hipótesis alternativa. Los científicos suelen probar la predicción de una Hipótesis o teoría, en lugar de la tesis en sí. Si se observa que las predicciones son erróneas, entonces la Hipótesis es inexacta o necesita ser refinada.

Datos

Los datos son la parte aplicada de la ciencia, y los resultados de las observaciones exactas son probadas contra las predicciones. Si las observaciones colaboran con las predicciones, la hipótesis se refuerza. Si no, la teoría debe ser cambiada. Para probar las predicciones se utiliza todo un ámbito de pruebas objetivas, aunque muchas disciplinas científicas basadas en la observación no pueden utilizar la estadística.

La psicología del pensamiento crítico

La psicología social es antigua; sin embargo, la ciencia que se describe en estas páginas es actual. Los hechos demuestran que le debemos mucho a lógicos como Aristóteles, Sócrates, Platón, y muchos otros, que pensaron en la sociedad e hicieron observaciones astutas. Los investigadores posteriores, de todos modos, han puesto a prueba empíricamente un gran número de estos primeros pensamientos. Nosotros, como un todo, tenemos un legado social al que estamos obligados por algunas ideas contemporáneas.

Los psicólogos están de acuerdo en que no hay un único enfoque correcto para examinar cómo piensan o se comportan los individuos.

Hay, en cualquier caso, diferentes escuelas de pensamiento que avanzaron a través del desarrollo de la psicología, la cual sigue moldeando la forma en que exploramos el comportamiento humano. Por ejemplo, algunos terapeutas pueden atribuir un comportamiento específico a factores biológicos, tales como, cualidades congénitas o hereditarias, mientras que otro terapeuta podría pensar en los encuentros juveniles prematuros como la explicación más probable del comportamiento. Estas diferentes ideas contribuyeron a las teorías dominantes que hoy en día impactan y dirigen la investigación, así como las ideas psicológicas sociales.

Dominio teórico

Estos primeros eruditos propusieron ideas generales de tal forma, que se mantuvieron como clarificadoras de toda la conducta social. Por ejemplo, algunos recomendaban que el hedonismo explicara todo lo que hacemos. Otros propusieron que comprendiéramos el comportamiento humano como un mero componente de la suplantación de identidad o de los impulsos. Este énfasis en las ideas amplias dio pie al concepto del "nominalismo" en la psicología. *¿Comprendemos realmente más por la mera observación del comportamiento?* Al final, los analistas sociales percibieron la deficiencia de los estándares de barrido y comenzaron a mejorar las hipótesis dependientes del método científico.

¿Qué caracteriza a la ciencia del cerebro social como un orden? Por así decirlo, la psicología social es la investigación científica de la cognición social (cómo piensan los individuos unos de otros), cómo los individuos se ven afectados por el comportamiento de los demás (por ejemplo, la conformidad) y cómo se identifican unos con otros a través de la participación o la hostilidad. Este razonamiento dio lugar a teorías notables en la psicología, y a algunas en la sociología y otras disciplinas conexas.

Teorías de aprendizaje

Estas especulaciones incorporan el antiguo condicionamiento clásico, el condicionamiento operante y el aprendizaje observacional. De estas metodologías, la más notable para la psicología es el aprendizaje observacional. Por ejemplo, averiguamos cómo ser agresivos, averiguamos cómo pelear, cómo herirnos unos a otros, observando a los demás actuar de esta manera. Construimos nuestras actitudes, nuestras emociones de hostilidad, y otras prácticas sociales a través de la observación discreta y abierta de los demás. Los guardianes son buenos ejemplos en el desarrollo temprano, pero otros, incluyendo maestros y amigos, impactan adicionalmente a los niños. En los últimos tiempos los medios de comunicación han asumido un papel significativo, y se han realizado muchas investigaciones, gracias a la televisión, sobre el comportamiento humano.

La cognición social

Las teorías de consistencia cognitiva son puntos de vista esenciales en la psicología social. Estos puntos de vista proponen la posibilidad de que los individuos tengan un requisito necesario de consistencia y equilibrio cognitivo. Por ejemplo, cuando los individuos se vuelven conscientes de las creencias y actitudes que entran en conflicto con su comportamiento, esta inconsistencia se experimenta como un estado emocional incómodo. La disonancia, por lo tanto, inspira un cambio social y una renovación de las creencias y actitudes.

Procesamiento de la información

Las teorías de información avanzadas influyeron en el desarrollo de la teoría avanzada de la cognición social en las ciencias naturales. Las teorías de la cognición social encuentran las razones de la conducta humana en la preparación de la información, y en nuestros esfuerzos por entender a los demás y a nosotros mismos. El pensamiento fundamental es que funcionamos como PCs humanos cuando codificamos datos, los almacenamos en la memoria, y los recuperamos en un momento dado.

Teorías de la equidad y el intercambio

No debería sorprendernos que las teorías de la psicología social reflejen nuestro marco financiero, aunque eso sigue siendo una presunción implícita de valor y teorías comerciales. Aspirar a la equidad y a resultados justos refleja las relaciones económicas ideales en una sociedad capitalista. Básicamente, estas hipótesis aclaran la conducta social humana en lo que respecta a las recompensas, los gastos y los beneficios, proponiendo que todas las relaciones contienen estos tres componentes. Criar a un niño puede ser satisfactorio, pero, además, proporciona muchos costos que no son inmediatamente evidentes para los padres jóvenes. Las recompensas pueden incluir la satisfacción psicológica de crear y alimentar la vida. Los gastos pueden consistir en los innegables gastos económicos, pero también en los gastos psicológicos si el niño es problemático y elige un camino de conducta opuesto.

Dominio de la metodología

¿Cómo estudiaríamos la conducta social? La psicología social como ciencia se basa en dos técnicas. El primer procedimiento es una correlación, por ejemplo, analizar la calidad y dirección de las relaciones entre los factores en los temas de interés. La segunda es la investigación experimental en el laboratorio, basada en el control de factores independientes observando las consecuencias para los factores dependientes.

Investigación de correlación

Por ejemplo, podemos estudiar la tasa de cáncer de pulmón entre los fumadores. Si fumar amplía el peligro de enfermedad, debemos anticipar una relación entre el grado de tabaquismo y la incidencia de cáncer. Es importante recordar que la correlación no es igual a la causalidad. Sin embargo, para cuestiones progresivamente específicas, el muestreo aleatorio permite al analista llegar a inferencias sobre las opiniones en la comunidad inclusiva.

El método de encuesta sigue siendo un aparato significativo para la psicología social en los campos de la investigación de opiniones y el escalamiento de actitudes. Es más común en la psicología social que hace parte de la sociología. Sin embargo, el método experimental, que busca la causa y el efecto, todavía tiene la consideración de la mayoría de los analistas sociales de la psicología.

La investigación experimental
Este tipo de investigación se lleva a cabo comúnmente en una situación controlada como un laboratorio. Desde el primer punto de partida, la psicología se construyó sobre las ciencias naturales con objetivos para un día desarrollarse como una disciplina. Dado el corto tiempo registrado desde el comienzo de la psicología social, es demasiado pronto para evaluar su prosperidad como ciencia natural. Sin embargo, el anhelo de convertirse en una disciplina científica aceptable explica las técnicas utilizadas por la mayoría de los psicólogos sociales. La investigación experimental está plagada de desafíos como el sesgo en los experimentos y la ética en las investigaciones preliminares.

Dominio práctico

Como se ha visto, la psicología social se interesa por todo un abanico de cuestiones sociales. ¿Cuáles son las investigaciones sociales más importantes en la actualidad? Un tema social de importancia es el impacto de la violencia en los medios de comunicación sobre la agresión en la sociedad. En los Estados Unidos, miles de personas mueren cada año por actos de terrorismo. A veces el debate sobre la violencia se ve distorsionado, por ejemplo, por el argumento del lobby que hacen los productores de las armas de fuego que argumentan que las armas de fuego no matan a las personas, sino que las personas matan a las personas. Ese pensamiento se simplifica en exceso e ignora la forma en que la accesibilidad de las armas es un estímulo que provoca habitualmente encuentros mortales en una sociedad en la que se subestima la violencia. El impacto de la violencia televisiva sigue siendo un problema social importante, y la investigación aplicada sobre este tema puede aportar soluciones sociales impactantes.

Si es difícil crear una ciencia pura como la que se observa en las ciencias naturales, muchos hallazgos de la investigación pueden informar y construir un valioso conocimiento aplicado. La investigación sobre las actitudes, puede, por ejemplo, ser invaluable en la publicidad y en la persuasión de la opinión pública. Obviamente, debemos ser conscientes de la línea entre la persuasión y la manipulación; una línea que a menudo se pasa por alto en el mundo de la publicidad de hoy en día. Además, la investigación sobre la parcialidad puede ser valiosa para gestionar y resolver cuestiones de hostilidad étnica y nacional.

Una cuestión importante en la psicología social es si los descubrimientos encontrados en la recreación de la vida en los laboratorios pueden, en verdad, aplicarse a las experiencias de la vida real. ¿Se comportan los individuos de manera similar, en situaciones de la vida real, a las condiciones creadas por el experimentador?

Cuando la situación lo exige, es posible aplicar muchos de los descubrimientos del laboratorio al mundo real. Por ejemplo, en un caso de estudio, hecho en estudiantes universitarios, se demostró que la mitad de ellos torturaban a sus cohortes en las celdas de la prisión. Este ejemplo se relaciona con muchos ejemplos de la vida real de tortura y violaciones de los derechos humanos. Y tal uso de aplicaciones debe ser la base general de un hallazgo de investigación significativo y de la teoría en psicología social.

Capítulo 7: Ejercicio para el pensamiento crítico

En este capítulo, trataremos temas como:
- ➢ Tiempo para pensar críticamente
- ➢ Análisis de los hechos y aplicación de la lógica
- ➢ Ejercicio de pensamiento crítico
- ➢ Habilidades poderosas relacionadas con el pensamiento crítico

Es hora de pensar críticamente

Cuando se tiene la capacidad de transformar la buena comprensión puede considerarse como una forma de pensamiento crítico porque está transformando el estilo de vida de un individuo. Usted debe ser capaz de preguntar y seguir el esquema de la investigación hasta su final lógico, a pesar de tener probabilidades con fuertes creencias, debe haber una herramienta poderosa en el autodescubrimiento.

Cómo tomar su decisión

En nuestra vida diaria, usted tiene que tomar decisiones sobre qué vestir, comer o cómo pasar su tiempo. Tomar una decisión es algo casi que intrínseco, y tiene que hacerse continuamente, incluso si la decisión no corresponde a la mejor elección, en los casos en que los riesgos que esta decisión conlleva son desestimables. Muchas veces se tienen que tomar decisiones difíciles como:
- ¿Cuándo es conveniente mudarme?
- ¿Qué tipo de trabajo me conviene más?
- ¿Estoy en la relación correcta?
- ¿Debería proceder con el divorcio?

Puede que tenga muchas decisiones en las que pensar, así que el cerebro se confunde debido a las difíciles decisiones que intenta tomar. Cuanto más tiempo consuma en la toma de decisiones, más se confundirá, y se sentirá atrapado y poco útil.

La confusión puede hacerle sentir tan incómodo al punto de ignorar que se le asocia con la toma de decisiones muy difíciles. No se le aconseja que piense demasiado ya que esto afectará su proceso de toma de decisiones. No sobrecargue su cerebro tratando de predecir el futuro a pesar de la certeza de los resultados. La vida está llena de sorpresas, y tiene que estar seguro de tomar la decisión correcta dependiendo de su fe y de lo que cree que más le conviene. Cuando se ve enfrentado a tomar una gran decisión, debe aprender a seguir muchos pasos que incorporan una gran dosis de control emocional. En resumen, tiene que empezar a razonar primero antes de escuchar al corazón. A continuación, se presentan algunas razones principales sobre cómo tomar decisiones sin ningún tipo de arrepentimiento:

1.   Tener una visión en la vida

Tener una visión en la vida debería ser el factor clave y el punto de referencia en cada decisión que está a punto de tomar. Cuando tiene un sueño como: ¿Dónde se visualiza en un futuro, dependiendo de las opciones de carrera que tiene a su disposición, ¿cómo serán sus relaciones, estabilidad financiera, estilo de vida entre otros? ¿Qué planes tiene para mejorar su visión? Debe entonces, anotar sus proyecciones y los valores en la vida que definan su carácter, para poder revisarlos permanentemente en cualquier momento que tenga libre. Con sus objetivos bien planeados, incluso cuando tenga que tomar una decisión muy difícil, se le hará sencillo, debido a la buena planificación que tiene.   En cambio, sin un plan, estará estresado y probablemente termine arrepintiéndose de muchas de sus decisiones. Tome todas sus decisiones basadas en su visión y esté siempre los más alineado posible con su plan.

2.   Evaluación de los Pros y los Contras

Al tomar una decisión, hay que considerar las consecuencias que esta decisión conlleve, ya sean positivas o negativas. Anote una lista de pros y contras para cada opción y dele a cada punto una prioridad teniendo el más importante a la cabeza de la lista.

¿Cuáles son las posibilidades de sus contras? ¿Son mejores que sus pros? ¿Es capaz de hacer frente a las consecuencias negativas? ¿Qué es capaz de hacer para moderar el resultado?

3. Llamar a un amigo

Tómese su tiempo para seleccionar a dos de sus amigos de los que más valore su opinión y juicio siempre que interactúa con ellos. Hábleles sobre la visión que tiene de la vida y comparta con ellos la lista de sus pros y contras y pídales su punto de vista, como una contribución a su proceso de toma de decisión. Un amigo que tenga una opinión diferente, puede ayudarle a tomar mejores decisiones. Tener un entrenador personal puede ser una gran ventaja porque usted puede ser desafiado a responder preguntas sobre sus reales motivaciones, sentimientos y deseos.

4. Elevar un poder superior

Consiga un lugar tranquilo, respire profundamente, cierre los ojos, luego ore y medite, pidiendo orientación. Su sabiduría e intuición internas elevarán su pensamiento, y disminuirá la perturbadora confusión y el pensar demasiado para tomar una decisión. Póngase en su propio mundo y piense en su vida y concéntrese en cómo se siente. Escriba eso que siente, y luego de unos días revíselo. Puede sorprenderse con las respuestas inesperadas del presente.

5. Intenta el truco de la moneda

Esta idea es genial, ya que le sirve para cualquier necesidad. Tome una moneda y asigne una decisión si cae cara y otra si cae cruz. Lance la moneda y antes de que caiga, concéntrese en el lado que eligió, esperando que caiga en ese lado. En caso de que haya más de dos opciones, tendrá que ir descartándolas entre sí con el truco. Esta es una acción que puede hacer fácilmente. Sentirá algo que le empujará dentro de su corazón, y tiene que comprobar la respuesta con mucho rigor. Las decisiones que debe tomar, debe tomarlas, a pesar de los conflictos que se le presenten, considerando sus necesidades más profundas.

6. Investigación y experimentación

Es fundamental que haga un trabajo previo de investigación para tener algún conocimiento sobre sus opciones. Investigar y hacer preguntas, interactuar con personas que han estado en la misma situación. Intente experimentar con sus resultados y cuando se sienta listo, tome una decisión directa. Si tiene una oportunidad de trabajo, consigue permiso para ser el alumno de alguien en la oficina. En situaciones en las que quiera terminar una relación, lo aconsejable es que se tome un tiempo antes de tomar una decisión.

7. No mirar atrás

Después de terminar su trabajo, establecer su visión, examinar sus pros y contras, buscar orientación, entonces tiene que tomar la decisión y no mirar atrás. En la vida siempre existen un millón de caminos diferentes que se pueden tomar, y todos ellos conducen a varias perspectivas y significados potenciales diferentes. No hay garantía, pero tiene que decidirse por una. Tiene que considerar la incertidumbre como parte de la aventura. Teniendo en cuenta esta aventura, tendrá la suficiente confianza en lo que decida y deberá seguir adelante. Tiene que aprender en cada camino que siga. La capacidad de tomar decisiones es el impulso para el crecimiento profesional. Cuando usted entra en el proceso de toma de una decisión, debe saber que la incertidumbre es inaceptable y tiene que decidir sin miedo para no quedarse estancado. Si tiene en cuenta y aplica los pasos mencionados anteriormente, entonces te darás poder y no tendrás espacio para arrepentirte.

Análisis de los hechos y aplicación de la lógica

Hay que tener en cuenta que el pensamiento crítico es un diseño activo de pensamiento. Después de recibir mensajes y procesarla, aun puede cuestionar lo que dice. Puede preguntarse si los mensajes están bien sustentados. Cuando usted aplica el pensamiento crítico en esta información usted pondrá a prueba una gran variedad de habilidades como: atención, exploración, evaluación, inferencia, interpretación, explicación y autorregulación. Para tener éxito en este proceso, es primordial contar con un cerebro de mente abierta.

Escuchar
Para que entienda mejor lo que es escuchar, debe saber la diferencia entre escuchar y oír. La audición es el proceso psicológico de obtener sonidos mientras que la escucha es el medio psicológico de darle sentido a los sonidos. En nuestra vida diaria, estamos rodeados de muchos y variados ruidos y sonidos. Si trata de darle sentido a los sonidos, puede pasar todo el día haciéndolo. A pesar de los muchos sonidos que escuchamos, muchos de ellos son filtrados. Hay algunos ruidos que pasarán a la primera línea de su conciencia. A medida que escucha, también le da sentido a los sonidos. Esto sucede diariamente en el subconsciente, sin tener en cuenta el proceso.

El pensamiento crítico requiere que escuche cuidadosamente los mensajes. Tiene que tener cuidado con lo que se dice y no se dice. Tiene que estar interesado en no ser interrumpido por ningún ruido que arruine las ideas que tuvo. En ese momento solo le debe interesar el mensaje. Escuchar puede ser difícil cuando el mensaje que se transmite tiene información sesgada. Analice la situación hipotética en la que usted está tratando de hablar sobre el aborto. Escuchará mientras la otra persona habla, pero habrá un fuerte sentimiento que muy probablemente lo obligará a comenzar una discusión. Al final, se encontrará en la situación en que ambos hablarán uno al lado del otro, pero ninguno de los dos se estará escuchando.

Análisis

Después de escuchar un mensaje, usted puede analizarlo. También puede analizar los mensajes al mismo tiempo que los escucha. Cuando analice algo, asegúrese de ser muy detallado y separar los componentes principales del mensaje. Imagine que está actuando como un cirujano en el mensaje, sacando todos los diversos componentes y poniéndolos en evidencia para una contemplación previa y una posible acción.

Evaluación

Cuando evalúe una tarea, continuará con la progresión del análisis comprobando la legitimidad de las diferentes declaraciones y opiniones. Una forma de evaluar un mensaje es cuestionando lo que se dice y quien lo dice. A continuación, se presenta un esquema de las preguntas que puede hacer:

¿Es el orador creíble?

Puede que no sea un experto en un determinado campo del que se supone que debe hablar, pero con la investigación puede ser un mini-experto.

Con sentido común, ¿suena la declaración como verdadera o falsa?

Puede sonar sospechoso, pero tener más de cuatro copas de vino en una mesa puede parecer no ser correcto. Puede ser visto como una borrachera.

¿La lógica empleada retrasa el estudio?

Cuando consideras el discurso de Shonda puedes darte cuenta de la parte lógica de ella. Pero más tarde en su discurso hay algunas ideas equivocadas.

¿Qué objeciones plantea el mensaje?

Además de la probabilidad de que Shonda luzca como ebria, también trae consigo la posibilidad de aumentar el alcoholismo o las complicaciones de la condición física a largo plazo.

¿Puede la información adicional afectar al mensaje?

Mucha información o datos no estarán de acuerdo con sus afirmaciones. Cuando investigue, descubrirá que la mayoría de los resultados médicos no concuerdan con las afirmaciones de que beber más vasos de vino diariamente es algo bueno.

Ejercicio de pensamiento crítico

El ejercicio de pensamiento crítico objetivo busca la honestidad. Hay que ser audaz e independiente de los pensamientos convencionales y descubrir la verdad no encontrada. El pensamiento crítico también ha sido considerado como el corazón de la disipación de los grandes mitos sobre nuestro mundo y cómo está trayendo muchos cambios al mundo. El pensamiento crítico difiere del pensamiento analítico y lateral probablemente: el pensamiento analítico tiene como objetivo revisar la información presentada. El pensamiento lateral apunta a poner los datos en un contexto diferente. El pensamiento crítico apunta a crear un juicio general sobre los datos que es libre y no tiene premisas falsas.

Se ha considerado que el pensamiento crítico es difícil de comprender, ya que requiere que los estudiantes dejen de lado las suposiciones y creencias para estudiar y pensar sin ser parcializados o juzgados. Implica posponer las creencias que se tienen sólo para explorar y cuestionar los temas desde el punto de vista de las páginas en blanco. El pensamiento crítico se ha asociado con la distinción de hechos y opiniones al descubrir un tema.

El pensamiento crítico para los estudiantes

Estas piezas de entrenamiento han sido diseñadas para ayudar en las habilidades de pensamiento crítico.

1. Guía turística para Alienígenas

El ejercicio le dará la oportunidad de razonar más allá de su forma normal de pensar y ver las cosas. Tomemos un ejemplo en el que se le ha asignado la tarea de manejar la gira de los extraterrestres que vienen a la tierra para estudiar la vida humana. Está abordo de un dirigible, teniendo una vista del paisaje y vuela sobre un estadio de béisbol profesional. Cuando pasa por encima, un alienígena siente curiosidad y pregunta sobre lo que está pasando, y hace muchas preguntas como:

*   ¿Qué es un juego?
*   ¿Por qué no hay mujeres en el juego?
*   ¿Por qué la gente se emociona al ver a otros jugar?
*   ¿Qué es un equipo?
*   ¿Por qué la gente en las gradas no se une a los que juegan?

Si responde a las preguntas completamente, puede ser rápido llegar a ciertas suposiciones y valores. Puede dar una respuesta como "apoyamos a un equipo en particular porque nos unen como comunidad". Incluir el concepto de comunidad en su declaración es un valor que es entendido reconocido por muchas personas. Cuando explique acerca de los deportes de equipo a un alienígena, asegúrese de definir el valor entre ganar y perder. Pensar como un guía turístico alienígena le obligará a mirar profundamente las cosas que hacemos y valoramos. A veces no son lógicas cuando las miras desde fuera.

2. Hecho u opinión

Hay que ser consciente de la diferencia entre hecho y opinión, y no es fácil de distinguir. Cada vez que usted visita una página web, ¿qué siente sobre las cosas que lee? Debido a la disponibilidad de tantos datos, es fácil para los estudiantes mejorar sus habilidades de pensamiento crítico. Tiene que ser perspicaz y usar fuentes confiables para sus tareas y proyectos escolares. Puede estar en un mundo lleno de suposiciones, como ya sabe, cuando usted no es capaz de distinguir entre hechos y opiniones. En este ejercicio, tiene que estar muy atento a lo que está leyendo sólo para saber si es un hecho o una opinión. Puede hacerlo solo o con un compañero de estudio.

- Tengo la mejor madre del mundo.
- Mi padre es más bajo que el tuyo.
- Tu número de teléfono es un poco difícil de tener en cuenta.
- La parte más profunda del lago tiene 15.789 pies de profundidad.
- Los perros son los mejores amigos del hombre.
- Beber demasiado no es bueno para la salud.
- La mayoría de los ciudadanos americanos son daltónicos.
- La mayoría de los casos de cáncer son causados por fumar.

Pensamiento crítico en el lugar de trabajo

Hay algunas formas que puedes usar para promover el pensamiento crítico en tu lugar de trabajo. Los siguientes temas son algunas de las formas de mejorar el pensamiento crítico en su organización:

1. **Contratación y promoción de pensadores críticos**

El primer y muy importante paso para mejorar el espíritu de equipo en el pensamiento crítico es contratar a personas que hayan adquirido experiencia en esa área. La entrevista de personalidad es la mejor manera de sopesar la capacidad de su candidato en la evaluación crítica y la investigación. Haciendo del pensamiento crítico una competencia deseada para el liderazgo y la promoción, entonces usted habrá comenzado el viaje de construir un gran crecimiento de pensadores críticos dotados.

2. Construir una cultura de aprendizaje

Usted debe tener un entorno que ocupe los caracteres asociados al pensamiento crítico son una parte natural de los valores de su industria. Hay algunas formas en las que puede participar en la construcción y el apoyo de la cultura que estimula el análisis crítico como:

- Incorporar los debates sobre las lecciones aprendidas después de la finalización de un proyecto, donde los empleados tienen la oportunidad de ver y aplicar en áreas donde el pensamiento crítico puede ser de ayuda para mejorar la producción de un proyecto.
- Crear un ambiente en el que se hagan preguntas difíciles y permitir que todos sus empleados formen parte de él para hablar libremente de forma alternativa.
- Tener un plan para la toma de decisiones que dé energía positiva al pensamiento crítico, como tener soluciones a los problemas, explorar los prejuicios y hacerse cargo de las consecuencias de las diversas soluciones sugeridas.

3. No se precipite a sacar conclusiones

Para mejorar el pensamiento crítico en su lugar de trabajo, no debe sacar conclusiones precipitadas. Resuelva un problema comprendiendo bien los desafíos que tiene. Hay algunos consejos sobre cómo lograrlo:

- Averiguar el origen de un problema haciendo preguntas.

- Describir el resultado antes de que se conforme con resolver el problema.
- No piense demasiado en la búsqueda de una solución, ya que eso ralentizará el proceso de resolución del problema y limitará los pensamientos disciplinados.

4. Crear en los foros internos

El acto de hablar las cosas puede ser un gran paso para ayudar a resolver un problema. Tener un lugar donde se pueda hablar de sus problemas ayuda a generar nuevas ideas y ayuda a desarrollar un buen ambiente de trabajo y crea resoluciones a los problemas en su lugar de trabajo.

5. Enseñanza y formación

El desarrollo de la formación en habilidades de liderazgo y unidad puede ser muy positivo para ayudar a mejorar las fortalezas de pensamiento crítico de sus empleados, creando un cambio de mentalidad y de habilidades. La gente obtendrá nuevos personajes y comenzará a ver el lado más amplio del manejo de los problemas y cómo resolverlos. El aprendizaje experimental puede ser un paso positivo ya que promueve el pensamiento crítico mediante el aprendizaje y la práctica. Este enfoque comprometerá plenamente a los empleados, y mejorarán continuamente las habilidades críticas y de resolución de problemas. La construcción de una norma que mejore y fomente el pensamiento crítico en su empresa le hará conseguir grandes resultados y productos.

Habilidades poderosas relacionadas con el pensamiento crítico

Hay varias técnicas que pueden utilizarse para enseñar habilidades de pensamiento crítico en cada lección y materia. Puedes investigar y tener las formas e incorporarlas en tus prácticas de enseñanza diarias:

1. Empieza con una pregunta

Comience con una forma abierta y clara de entrar en el tema. De que quiere hablar y que quiere explorar. Las preguntas no deberían ser de respuestas cerradas de sí y no. Para que usted pueda hacer mejores preguntas, éstas deben estar inspiradas en el deseo de resolver el problema. Las preguntas que haga a los estudiantes deberían darles el espacio para una lluvia de ideas. Puede anotar las respuestas en la pizarra y abrir las charlas dando a los estudiantes la ventaja de definir el problema y su solución.

2. Creación de una base de datos

A los estudiantes les cuesta pensar críticamente si la información que quieren no está ahí o acceden a ella. Cualquier ejercicio debe comenzar con la revisión de los datos relacionados que aseguren que pueden pensar en los hechos relacionados con el tema. Los elementos son:
- Leer las tareas y los deberes.
- Clases y tareas previas.
- Vídeo o texto.

3. Consultar los clásicos

Las obras literarias clásicas son una perfecta plataforma de lanzamiento para explorar el gran trabajo del cerebro. Puedes usarlos para lecciones detalladas para construir la motivación de los personajes, predicciones y temas. Hay algunos enlaces que pueden ayudarte a explorar los recursos:
- El norte escéptico
- Comunidad de pensamiento crítico
- Shakespeare y el pensamiento crítico

4. Creación de un país

Este puede ser un gran proyecto para estudiar la situación de su país. Los estudiantes pueden estudiar historia, geografía, política y mucho más. Hay algunos recursos que pueden ayudarte:

- Sitio de geografía
- ¿Puedes empezar tu propio país?
- Formas de comenzar su micro nación

5. Usando la elocuencia de la información

Se supone que los estudiantes deben estar bien informados para mejorar su éxito en la escuela y en la vida. Tienen que aprender a acceder a mucha información y tener formas apropiadas de resolver un problema. Los estudiantes deben ser capaces de mejorar sus habilidades de pensamiento. Cuando se enseñan habilidades de pensamiento crítico se evidenciará por la fluidez en la comprensión de la información.

6. Utilización de grupos de compañeros

Cuando tenga grupos, posiblemente estará tranquilo. Niños nativos digitales viviendo en ambientes que tienen trabajo en equipo y colaboración. Tiene que hacer que los niños se den cuenta de que hay una excelente oportunidad de obtener información, preguntas y resolución de problemas.

7. Pruebe una Frase

Puede probar el ejercicio teniendo grupos de 10 estudiantes. Después de lo cual instruye a cada estudiante a anotar una frase hablando del tema en una hoja de papel. Después de escribir, el estudiante debe pasar el papel a la siguiente oración. Pero al pasar el papel se supone que debe ser doblado para cubrir la frase. Con eso, sólo se verá una frase y no cualquier otra y cada vez que la pasen los estudiantes sólo verán una frase. Esta tarea añadirá más pasos en su comprensión. Les enseña a aplicar el conocimiento y la lógica para describirse claramente.

8. El Solucionar problemas

Asignar la resolución de un determinado problema puede ser la mejor vía para enseñar habilidades de pensamiento crítico. Se supone que usted debe dejar el objetivo abierto para que consigan la mejor táctica posible. Esta es una de las razones por las que debe hacer preguntas convenientes que quieran descubrir el conocimiento a través del pensamiento crítico. Cuando tenga el proceso correcto para llevarle a cabo, entonces se dará cuenta de que es mejor enseñar pensamiento crítico y habilidades para Solucionar problemas.

9. Dramatizaciones como juego y método

Este juego es considerado como un gran método para practicar el pensamiento crítico. Es por eso que la mayoría de los actores hacen una gran cantidad de investigación que implica habitar el personaje y sus apariencias. Cuando uno toma el personaje de alguien, esto nos ayuda a expandir las habilidades de pensamiento analítico y creativo. Reúna a los estudiantes y déjelos investigar sobre un tema como el conflicto que implica la comunicación en medio de famosas estadísticas históricas. Haga que decidan qué personaje van a interpretar. Cada uno de ellos tendrá diferentes puntos de vista con respecto al conflicto. Déjelos que discutan el conflicto hasta que cada uno sea capaz de hablar de sus puntos de vista. El desafío al que se enfrentarán es cuando todos deban establecer o sugerir un compromiso.

Capítulo 8: Pensamiento Crítico vs. Pensamiento No Crítico

¿Qué es el pensamiento no crítico?

El pensamiento no crítico es aceptar como exactas, cosas que no están respaldadas por ninguna evidencia. Es elegir qué hacer o decir basándose sólo en la emoción, o saltar a una respuesta o conclusión sin abrirse camino a través de las partes separadas del asunto. Se trata de un salto de fe. Si usted es un pensador no crítico, entonces lo más frecuente es que difiera su pensamiento a otros y acepte sus conclusiones de todo corazón. El pensamiento no crítico ocurre cuando no comentas, desafías o haces una comparación con otras opciones de la información que se te presenta.

¿Cuándo es probable que le ocurra el pensamiento no crítico?

El pensamiento no crítico puede ocurrir si usted está experimentando las siguientes situaciones:

- En situaciones estresantes que suceden muy rápido y usted termina reaccionando antes de que haya tenido tiempo de pensar las cosas. Actúa impulsivamente sin pensar en tales circunstancias. Puede terminar diciendo cosas o realizando acciones que le hagan sentir bastante incómodo mucho más tarde, cuando haya tenido tiempo de evaluar críticamente la situación y sopesar las demás opciones que debería haber considerado

- Otra posibilidad gira en torno a la percepción humana, y es cuando se produce una situación, y usted percibe la situación como familiar o normal y, por lo tanto, asume que puede hacer frente a la situación de la manera habitual sólo para descubrir mucho más tarde que ha percibido erróneamente la verdadera naturaleza de la situación

- El pensamiento no crítico también puede ocurrir cuando se concentra extremadamente en una tarea complicada. Termina por sumergirse tanto en la tarea que se olvida del panorama general y de la razón por la que se dedica a la tarea en primer lugar.

- Otra situación que puede desencadenar el pensamiento no crítico es cuando usted está involucrado en situaciones altamente emocionales con consecuencias emocionales intensas. Tales situaciones ocurren cuando se enfrenta a opciones, todas ellas malas y que resultarán en una pérdida severa.

Antecedentes del pensamiento crítico

El pensamiento crítico es comparativamente una nueva forma de pensar, enseñar y aprender. Pero las raíces del pensamiento crítico son tan antiguas como la práctica de la enseñanza y las raíces de Sócrates hace 2500 años. Sócrates descubrió, mediante un método de interrogación que la gente no podía justificar racionalmente sus afirmaciones confiables sobre el conocimiento. Demostró que una persona puede tener poder y posición y sin embargo estar profundamente confundida e irracional. Estableció la importancia de hacer preguntas profundas que indaguen profundamente, en el pensamiento antes de aceptar las ideas como dignas de ser creídas. Su método de pensamiento se conoce ahora como "Cuestionamiento sarcástico". Es la estrategia de enseñanza del pensamiento crítico más conocida. En su modo de cuestionar, Sócrates destacó la necesidad de pensar con claridad y consistencia lógica

Más tarde la práctica de Sócrates fue seguida por el pensamiento crítico de Platón, Aristóteles y los escépticos griegos. Todos ellos enfatizaron que las cosas son muy diferentes de lo que parecen ser y que sólo una mente entrenada está preparada para ver a través de la forma en que las cosas nos parecen en la superficie a la forma en que realmente están bajo la superficie

En la Edad Media, la tradición del pensamiento crítico sistemático se plasmó en los escritos y la enseñanza de pensadores como Tomás de Aquino, que aumentó nuestra conciencia no sólo del poder potencial del razonamiento, sino también de la necesidad de... ser sistemáticamente discutido e interrogado.

En el período de Renaissances entre los siglos XV y XVI, un grupo de eruditos de Europa, entre ellos Francis Bacon, comenzó a pensar críticamente sobre la religión, el arte, la sociedad, la naturaleza humana, la ley y la libertad. Bacon reconoció que la mente no podía ser dejada a salvo a sus tendencias naturales. Su libro "The Advancement of Learning" es considerado uno de los primeros textos del pensamiento crítico. Bacon desarrolló un método de pensamiento crítico basado en el principio del pensamiento sistemático. Sostenía que cada parte del pensamiento debía ser cuestionada, dudada y probada.

Al mismo tiempo, Sir Thomas Moore desarrolló un nuevo sistema de orden social llamado Utopía, en el que todos los dominios del mundo actual estaban sujetos a la crítica.

En el siglo XIX, el pensamiento crítico se extendió más allá de las áreas de la vida social humana por Comte y Spencer

Los fundamentos del pensamiento crítico son que las preguntas fundamentales de Sócrates pueden ser ahora mucho más poderosamente enmarcadas y utilizadas. En cada dominio del pensamiento humano y dentro de cada uso del razonamiento interno, ahora es posible cuestionar. En otras palabras, el cuestionamiento que se centra en estos fundamentos de la teoría y la lógica son ahora la base del pensamiento crítico.

Diferencias entre el pensamiento crítico y el pensamiento ordinario

El pensamiento ordinario es el pensamiento intuitivo. No cuestionas sus propias decisiones y opiniones. Por lo tanto, los puntos de vista y las decisiones que tomes usando el pensamiento ordinario estarán sesgados y carecerán de objetividad.

Por otro lado, el pensamiento crítico requiere que pienses en tus acciones y decisiones de forma activa. Miras la vida y sus problemas de una manera muy objetiva. Si realizas el pensamiento crítico correctamente, entonces la opinión que formes estará libre de prejuicios. Las decisiones que tomes también serán muy objetivas y lógicas.

Otra diferencia entre el pensamiento crítico y el ordinario es la velocidad. El pensamiento ordinario tiende a ser rápido. Las decisiones se toman muy rápido, con una alta posibilidad de cometer tantos errores y ser parcial. Por otro lado, el pensamiento crítico tiende a ser lento, pero con resultados objetivos y libres de cualquier sesgo.

A continuación, se presenta un cuadro comparativo que ayudará a comprender mejor las diferencias entre el pensamiento crítico y el pensamiento ordinario;

Pensamiento Crítico	Pensamiento Ordinario
El pensamiento crítico implica practicar la restricción y el control de los sentimientos en lugar de ser controlado por ellos. También se trata de pensar antes de actuar.	El pensamiento ordinario es cuando tiendes a seguir tus sentimientos y actuar impulsivamente.
El pensamiento crítico requiere que evite los puntos de vista extremos porque rara vez son correctos. También debes practicar la imparcialidad y buscar una visión equilibrada.	En el pensamiento ordinario, se ignora la necesidad de equilibrio y en su lugar se da preferencia a las opiniones que apoyan los propios puntos de vista establecidos.
En el pensamiento crítico, tienes que interesarte por las ideas de los demás. Se espera que leas y escuches atentamente incluso cuando tiendes a estar en desacuerdo con los puntos de vista de la otra persona.	En el pensamiento ordinario, usted se preocupa solo de sí mismo y de sus propias opiniones, y no presta atención a los puntos de vista de los demás...
El pensamiento crítico espera que dejes de lado tus preferencias personales y bases tus juicios en las pruebas. Se requiere que aplace el juicio en situaciones en las que la evidencia falta o es insuficiente. También revisa sus juicios cuando nuevas pruebas revelan un error que	El pensamiento ordinario basa sus juicios en las primeras impresiones y reacciones viscerales. No se molesta en averiguar la cantidad de evidencia que apoya su juicio. También tiendes a aferrarte a puntos de vista anteriores, incluso ante nuevas evidencias o creencias previas.

contradice sus juicios anteriores.	
En el pensamiento crítico, uno se esfuerza por comprender, mantener la curiosidad viva, ser paciente con la complejidad y estar dispuesto a invertir tiempo para superar la confusión en una situación determinada.	Pensamiento ordinario, usted es impaciente con la complejidad, y prefiere permanecer confuso que hacer un esfuerzo para entender una situación.
En el pensamiento crítico, los problemas y los desafíos son oportunidades para que aprendas.	El pensamiento ordinario considera los problemas como una molestia o una amenaza para su ego.
En el pensamiento crítico, eres honesto contigo mismo. También reconoces lo que no sabes. Tiendes a reconocer tus limitaciones, y monitoreas tus errores.	En el pensamiento ordinario, finges que sabes más que tú. También tiendes a ignorar tus debilidades y asumes que tus puntos de vista están libres de errores.

Características de los pensadores críticos

Curiosidad

Los pensadores críticos poseen un nivel insaciable de curiosidad. Tienen curiosidad sobre una amplia gama de temas que les interesan. Tienen una sana curiosidad sobre la gente y el mundo. Los pensadores críticos tienden a estar interesados en la comprensión y apreciación de la diversidad de creencias, culturas y puntos de vista que abarca la humanidad. Son aprendices de por vida dispuestos a aprender a través de las situaciones y experiencias diarias por las que pasan.

Compasión

Los pensadores críticos actúan tanto con sus corazones como con sus mentes. Reconocen que cada persona tiene una historia de vida que la hace ser quien es. También aprecian el hecho de que los individuos tienen pruebas y desafíos personales que los forman. Luego celebran apasionadamente la singularidad de cada uno y están dispuestos a ayudarlos a ver lo mejor de sí mismos y de los demás. Abrazan el instinto emocional tanto como el intelectual de los demás.

Concienciación

Los pensadores críticos siempre son conscientes de las oportunidades que les rodean, lo que requiere la aplicación de habilidades de pensamiento crítico. Están siempre alerta a las oportunidades de aplicar sus mejores hábitos de pensamiento a cualquier situación que se les presente. Tienen el deseo de pensar críticamente incluso en las cuestiones y tareas más sencillas con sed de resultados constructivos.

Los pensadores críticos no se toman las cosas al pie de la letra. Siguen haciendo preguntas y explorando todos los lados de un asunto. Buscan los hechos más profundos que se esconden dentro de todas las modalidades de datos. De esta manera, los que piensan críticamente tienden a ser los mejores solucionadores de problemas

Decisión

Las situaciones que implican un pensamiento crítico a menudo requieren una acción rápida y decisiva. Cuando se piensa críticamente, se tiende a sopesar las opciones y a considerar los posibles resultados de una situación. Por lo tanto, necesitas rapidez y claridad, y debes ser capaz de dejar de lado cualquier temor a la hora de tomar decisiones. Un excelente pensador crítico se esfuerza por hacer avanzar las cosas rápidamente en lugar de postergarlas.

A veces tienes que tomar decisiones rápidas incluso cuando no tienes toda la información necesaria sobre una situación específica. Por lo tanto, necesitas tomar tales decisiones en confianza. Debes ser capaz de tomar la delantera y tomar decisiones difíciles que otros temen cuando te enfrentas a cualquier desafío. Si eres un pensador crítico eficaz, entonces deberías darte cuenta de la necesidad de tomar la iniciativa y tomar decisiones rápidas incluso si termina siendo la equivocada, porque cualquier elección es mejor que ninguna.

Honestidad

La honestidad es una virtud esencial para un pensador crítico. La integridad moral, la consideración ética y la acción son sellos imperativos de los pensadores críticos capaces. La gente honesta tiene un deseo de armonía y satisfacción.

La práctica de la honestidad en el pensamiento crítico también se extiende a la forma en que usted mira dentro de si mismo para tener en cuenta lo que reside escondido dentro de su alma. La honestidad tiene en cuenta el proceso que determina cómo maneja sus emociones, cómo controla sus impulsos y reconoce cualquier intento de autoengaño. Los pensadores críticos también se aceptan a sí mismos y a los demás por lo que son.

Creatividad

Los pensadores críticos eficaces son pensadores creativos sobresalientes. El pensamiento crítico práctico en los negocios, el marketing y cualquier otra profesión depende en gran medida de su capacidad de ser creativo. Cuando seas creativo en la forma de empaquetar y comercializar tu producto o servicio, esperarás atractivas recompensas en el mercado global.

Los pensadores críticos tienden a percibir el mundo de nuevas maneras para encontrar patrones ocultos y hacer conexiones entre lo que parece ser un fenómeno no relacionado y generar soluciones.

Voluntad

La voluntad y la flexibilidad son algunas de las consideraciones críticas de los pensadores críticos. La voluntad incluye las siguientes habilidades:

- Capacidad de aprender de sus propios errores y deficiencias para ser un mejor pensador crítico
- Se esfuerza por mejorar, aprender y sobresalir continuamente en lo que hace
- No teme desafiar el status de cuando se enfrenta a situaciones que le exigen hacerlo.
- Tiende a tener una mente abierta y a tomar en cuenta las opiniones de otras personas que pueden desafiar las suyas.
- Siempre que se le presentan nuevas pruebas, está dispuesto a reconsiderar sus puntos de vista pasados
- Escucha atenta y activamente en todo momento hasta tener su turno para hablar.

Objetividad

Los buenos pensadores críticos son muy objetivos en su pensamiento y razonamiento. Se centran en los hechos y en la evaluación científica de la información en cuestión. Tienden a evitar que sus emociones y las de los demás afecten a su juicio. Los pensadores críticos son conscientes de sus prejuicios, y tienden a mirar los temas de forma desapasionada.

Tomar café en niveles moderados

El café contiene cafeína. El café es el estimulante más consumido en el mundo. Se ha referido a tener en la atención y la agudeza mental. Muchos estudios han demostrado que la ingestión de cafeína conduce a un aumento de la estimulación del corazón. Los estudios también han demostrado que la cafeína conduce a un mejor rendimiento cognitivo en varias tareas. Tiene un efecto positivo sobre la vigilancia, la agudeza mental y los múltiples dominios de atención.

La cafeína también reduce los tiempos de respuesta y las tasas de error. A tu cerebro también le encanta la cafeína. Los procesos cerebrales que responden bien a la cafeína incluyen la atención visual selectiva, el cambio de tareas, la inhibición de la respuesta y la supervisión de conflictos.

Sin embargo, debe tener en cuenta que las dosis más altas de café pueden tener efectos adversos en su salud. Demasiadas dosis de café también pueden afectar negativamente a su capacidad de pensamiento y también pueden causar ansiedad, pensamientos confusos y el habla. Se recomienda tomar una o dos tazas de café por la mañana después de haber comido algo primero.

Ingerir niveles bajos de azúcar

Puede tener la tentación de comer bocadillos azucarados o alimentos procesados para aumentar el nivel de azúcar en la sangre cuando se baja. Sin embargo, hacerlo sólo puede servir para aumentar sus niveles de azúcar en la sangre y de energía durante un corto período de tiempo, después del cual usted pasa por una depresión. Esto se debe a que el azúcar se digiere y se utiliza muy rápido y no puede mantener la energía necesaria para pensar. Entonces terminará perdiendo la concentración y su tiempo de reacción se retrasará.

Los estudios han demostrado que comer azúcar puede tener un impacto biológico adverso en tu mente y en tu cerebro. Los estudios trazaron una fuerte conexión entre la ingesta de azúcar y la disminución de la capacidad de recordar bien las instrucciones y las ideas del proceso.

Se recomienda que, en lugar de tomar azúcar, tome más alimentos ricos en proteínas y fibras para concentrarse durante el día y reducir los antojos de azúcar. Si se le antoja algo dulce, puede optar por frutas saludables como la manzana. También puedes comer algunos palitos de verduras crudas antes de la cena para añadir más fibra a tu dieta.

Come más nueces

Los estudios han demostrado que comer nueces podría mejorar significativamente la función cerebral relacionada con la cognición, la curación, el aprendizaje y la memoria. Los frutos secos como los pistachos son los mejores para mejorar el procesamiento de la cognición y el aprendizaje. También ayudan a tu cerebro a retener información durante períodos más largos. Se ha demostrado que las nueces también aumentan la capacidad de razonamiento, que es vital para el pensamiento crítico. Las nueces son adecuadas para su cerebro, ya que también son buenas para el resto del cuerpo.

No exageres

A veces se realiza demasiada actividad que podría tener efectos adversos en su bienestar general Entre los plazos, el juego, el ejercicio, el trabajo y todo lo demás, su cuerpo y su mente pueden actuar como un indicador para alertarle cuando está presionando demasiado. Si a menudo se siente cansado, puede ser una señal de que su cuerpo está quemado y necesita descansar. Para ser un excelente pensador crítico, debes evitar el ejercicio excesivo, el alcohol, el tabaco, o comer demasiado o muy poco.

Obstáculos del pensamiento crítico y cómo superarlos

Falta de una dirección y un plan claros

Uno de los mayores obstáculos para el pensamiento crítico es la falta de metas y objetivos claros por su parte. A veces se pueden proponer metas, pero no son detalladas, y pueden carecer de un plan claro sobre cómo implementarlas.

Debes tener claro lo que quieres lograr y establecer el límite de tiempo, así como tu plan de acción. De esta manera, tu mente se organiza y te enfocas mejor en el logro de las metas establecidas.

Tener miedo al fracaso

Cuando teme fallar, su mente se ve automáticamente impedida de pensar críticamente. El miedo al fracaso o a la pérdida o a cometer un error puede impedirle tomar la decisión correcta que podría cambiar su vida.

Es la posibilidad de fracaso y la expectativa de fracaso lo que paraliza la acción y se convierte en la razón principal del fracaso y de la ineficacia en la resolución de problemas.

Miedo al rechazo

Puede posponer la toma de una decisión simplemente porque teme cómo otras personas cercanas a usted pueden reaccionar ante ella. Teme enfrentarse al rechazo o a que se burlen de tu elección. Teme que pueda parecer tonto ante su familia y amigos. Termina viviendo una vida de bajo rendimiento porque tiene miedo de venderse a sí mismo o a sus ideas de éxito.

La tendencia a mantener el status quo

El pensamiento crítico se ve obstaculizado por su deseo de mantener un entorno estable y constante. Tiende a sufrir de un deseo subconsciente de permanecer consistente con lo que ha hecho o dicho en el pasado. Tiende a tener miedo de decir o hacer algo nuevo que sea diferente de lo que dijo o hizo en el pasado.

Esta tendencia, desafortunadamente, le lleva a su zona de confort, lo que, al final, dificulta su progreso.

La falta de pensamiento proactivo

Si no se estimula continuamente la mente con nuevos conocimientos e ideas, ésta pierde su vitalidad y energía, y el pensamiento tiende a ser pasivo y automático. Si quiere evitar la pasividad, entonces debería considerar alterar su rutina para desafiar a su mente. Cambie la hora en que se levanta y salga y haga nuevos amigos de vez en cuando. Averigüe nuevas ideas para hacer cosas para que su mente se mantenga ocupada.

Racionalizas y no mejoras

La racionalización es un intento de explicar o justificar conductas o actitudes con razones lógicas, incluso si éstas son inapropiadas. Es un mecanismo de defensa de su parte en el que intenta justificar comportamientos o sentimientos controvertidos, y los explica de una manera aparentemente racional y lógica para evitar la explicación correcta. La racionalización fomenta el comportamiento, los motivos y los sentimientos irracionales o inaceptables. La racionalización, por lo tanto, va en contra de las mejores prácticas de un pensador crítico capaz.

Hábitos críticos de la mente

Búsqueda de la verdad
Siempre se busca la integridad intelectual y el deseo de luchar activamente por el mejor conocimiento posible en cualquier situación. Tiendes a hacer preguntas de sondeo y a seguir las razones y las pruebas dondequiera que te lleven.

Mente abierta
se practica la apertura mental siendo tolerante con las opiniones divergentes de otras personas, y se está abierto a la posibilidad de su propia parcialidad.

Analítico
Tiendes a estar alerta a los problemas potenciales, y te fijas en las posibles consecuencias de los asuntos en cuestión. También prevés los resultados a largo y a corto plazo de los eventos, acciones y decisiones.

Mente inquisitiva
Tiende a apuntar a estar bien informado en todo momento. Tiene curiosidad por saber cómo funcionan las cosas y busca aprender cosas nuevas sobre una amplia gama de temas. Tiene un fuerte sentido de la curiosidad intelectual.

Sistemático
Tiende a adoptar un enfoque organizado y minucioso para identificar y resolver los problemas. Tiende a ser ordenado, persistente, enfocado y diligente en su enfoque de la resolución de problemas, el aprendizaje y la investigación.

Capítulo 9: Pasos, procesos y técnicas de resolución de problemas

La resolución de problemas es la forma en que se alcanza una meta desde un estado presente, en el que, en el estado presente, o bien no te mueves directamente hacia la meta, estás lejos de ella, o necesitas una lógica más compleja para encontrar los pasos hacia la meta. Cuando se trata de resolver problemas, tienes que trabajar a través de cada aspecto de un problema y luego encontrar la mejor solución para resolverlo. A menudo temes o a veces te sientes incómodo cuando surgen los problemas. Es un problema en sí mismo enfrentarse a un problema, por eso cada problema necesita una solución. El mayor error en la solución de un problema es tratar de encontrar una solución de inmediato. Eso es un error porque lo que necesitas es una solución al final. Encontrar soluciones inmediatamente pone la solución al principio del proceso, lo que estropea todo el asunto. Resuelves un problema cuando alcanzas una meta o un estado.

Cuanto más difícil e importante es el problema, más útil y necesario es usar un proceso disciplinado. Se utilizan bases de conocimiento únicas para abordar diversas situaciones problemáticas. Las bases son expectativas básicas de cómo funciona el universo. Cuando identificas, interpretas y evalúas un problema, se basa principalmente en lo que ya sabes. Por ejemplo, un gerente de hotel puede saber por qué un determinado problema es más importante y urgente que otro porque sólo él o ella tiene un conocimiento completo de su departamento. El conocimiento podría, por lo tanto, ayudar o dificultar la resolución de problemas.

En este capítulo vamos a entender la definición de un problema, el análisis y la síntesis de un problema, así como a describir el proceso de resolución de problemas.

Definición de un problema

Un problema es una situación o materia que se considera perjudicial y que debe ser superada. Un problema también se puede referir como el factor que no es satisfactorio y que causa dificultades en el día a día de las personas. La palabra problema, sin embargo, tiene diversos significados que van desde los problemas comerciales hasta los problemas de organización. El problema puede entenderse mejor y familiarizarse con el uso de otras palabras como dificultad.

Análisis del problema

El análisis de problemas es la investigación realizada sobre un problema para averiguar su causa con el fin de identificar una mejora en un sistema, procedimiento, proceso, diseño o cultura. El análisis de problemas se centra principalmente en encontrar la causa y el efecto de un problema determinado y establece formas de resolver el problema. La clave del análisis de problemas es definir el problema, tener pruebas del problema, impartir el problema, encontrar las causas y establecer las recomendaciones del problema existente. Las sugerencias son, en la mayoría de los casos, el reverso de los propósitos de los problemas.

Este proceso al solucionar problemas es esencial en el sentido de que puede utilizarse para analizar un problema, comprenderlo y generar una serie de oportunidades de mejora. También es útil para evaluar las oportunidades y determinar los probables beneficios en caso de que se aprovechen. Existen cuatro tipos de análisis de problemas;

Análisis de causa y efecto – Este método de análisis de problemas se ocupa de averiguar las causas y los efectos producidos por un problema.

Análisis de causa raíz – Este método de análisis señala la causa principal de un problema entre todas las causas probables de una situación problemática.

Los cinco porqués – Preguntarse cinco porqués de manera consecutiva ayuda a darse cuenta y revelar las causas más profundas de un problema dado.

El diagrama de espina de pescado – Este es un método de ver el problema desde diferentes ángulos basándose en los múltiples casos raíz descubiertos. La técnica puede utilizarse para sugerir recomendaciones sobre cómo solucionar los problemas.

Hay pasos hacia el análisis del problema, y se ha demostrado que ayudan a resolver y reducir los efectos de los problemas. Los pasos funcionan de manera diferente según la situación y los personajes involucrados. Las escuelas, los lugares de trabajo, las iglesias, todos tienen cada uno sus procedimientos de análisis de problemas que mejor se adaptan a ellos. El que se discute a continuación es el que se aplica a la mayoría de los individuos.

1. Comprender el problema

El primer paso hacia la autoayuda y la meditación, un individuo necesita entender los síntomas y la naturaleza de lo que está experimentando. Esto implica identificar la calidad del problema y por qué y cómo se convirtió en un desafío para usted. Se aconseja asumir cualquier responsabilidad o falta que pueda haber llevado a la dificultad que se experimenta en lugar de culpar inapropiadamente a otros. Si es posible, hay que hablar de la situación con un amigo de confianza para ganar y averiguar su perspectiva sobre el tema, de esta manera se entiende mejor la situación y por lo tanto es fácil saber cómo invertirla.

2. Dividir el problema en partes más pequeñas

El problema puede ser demasiado grande o es una maraña de muchos desafíos juntos. Resolver o buscar soluciones de esa forma puede resultar cansado y no es fácil de manejar para arreglarlo todo de una vez. El problema debe ser dividido en pequeñas partes manejables, y se debe establecer un plan para resolverlas una tras otra por separado. Identificar el primer problema que llevó a todos los demás es la clave para descomponer el problema. Este conocimiento ayuda a iluminar el siguiente problema y los pasos que deben tomarse para resolverlos.

3. Definir los objetivos del problema

Los pequeños problemas manejables en un momento dado deben ser eliminados. Debería haber metas hacia esto para completar el proceso de autoayuda para cada parte del problema mayor. Si uno no tiene metas o estrategias, entonces será una tarea difícil darse cuenta si el problema ha terminado o si sus efectos todavía se enfrentan. Las metas se definen al tener una clara comprensión de la situación problemática y las causas fundamentales identificadas. Los objetivos, por lo tanto, son los métodos que describen cómo y cuándo se hace la inversión de los propósitos del problema y el resultado esperado después de eso.

4. Decidir cómo medir el progreso hacia los objetivos del problema

Los objetivos pueden estar alineados para frenar una situación dependiendo del problema específico. El mejor objetivo que se adecue al problema se decide en función de los siguientes factores que favorecen a los afectados por el problema. Los factores incluyen: cuál es el punto de partida del problema, cuánto ha avanzado uno hacia el logro del objetivo y cómo sabrá uno que ha cumplido el objetivo y ha terminado con el problema.

Síntesis de un problema

Mientras que el análisis de problemas implica descomponer un problema en diferentes componentes, la combinación de un problema combina muchas ideas en una sola para comprender la calidad compartida de los planes. Se considera que la síntesis de un problema está más orientada al futuro, ya que percibe la afirmación de "qué podría ser" en lugar del comentario de "qué puedo hacer". Se centra más en la comprensión del problema, así como en el establecimiento de las posibles soluciones del futuro a partir de una combinación de percepción, conocimiento e imaginación. Ofrece una forma completa y elaborada de resolver los problemas, ya que implica un pensamiento estratégico y la capacidad de síntesis de imaginar el panorama general de una cuestión. La síntesis de un problema proporciona aspectos críticos sin esfuerzo para resolver tanto los problemas existentes como los nuevos.

La síntesis de un problema se basa más en el enfoque a largo plazo de la solución de problemas. Esto se debe a que la solución de un problema incluye no sólo ver el problema real sino también encontrar una solución al mismo. Apresurarse a través de todo el proceso podría llevar a que tal vez se causen más problemas. La síntesis reúne el arte de "es posible" y hace una combinación de diferentes elementos mirando el contexto en el que el problema fue causado y ocurrió y luego expandiéndolo en todas las áreas posibles haciendo que sea un problema totalmente más significativo. Muchos líderes carecen de un lente de síntesis en sus tareas de resolución de problemas. Esto lleva a más preguntas en lugar de a la resolución de problemas, debido a que no entienden el problema de manera crítica. Por lo tanto, deben equiparse con conciencia propia y ofrecer madurez profesional en el papel que desempeñan en la resolución de problemas.

La mente sintetizadora tiende a mirar los problemas complejos como un todo en lugar de dividirse en pequeñas piezas manejables. Cuando se trata de resolver problemas, es aconsejable aprovechar los sistemas de elaboración de problemas, ya que la elaboración de problemas ayuda a adoptar una perspectiva amplia y abierta y a resolver el problema sin crear demasiadas cuestiones nuevas. La lente del sistema también ayuda a ver un sistema más completo con piezas interactivas y objetivos de resolución de conflictos.

Importancia de la resolución de problemas

Todos jugamos un papel en la creación o solución de problemas a través de nuestras palabras, acciones e incluso pensamientos. La resolución de problemas es la capacidad de revertir los efectos adversos de un problema de una manera efectiva. La resolución de problemas implica definir el problema, generar alternativas al problema, y elegir la mejor opción a implementar. La capacidad y la técnica de resolución de problemas son igualmente importantes tanto para las personas como para las organizaciones porque refuerzan el ejercicio del control y la autoridad en el entorno. La importancia de la solución de problemas en la comunidad incluye lo que se expone a continuación;

1. **Arreglar las cosas rotas**

El paso que se emplea para resolver un problema contribuye a la eficacia general y al cambio de un desafío. Las preguntas reflexionan sobre las relaciones rotas, los procedimientos y, por lo tanto, sobre un mecanismo para identificarlos y deducir medidas y métodos para solucionarlos. Las razones de la ruptura que determinan un curso de acción forman parte de la solución del problema.

2. Abordar los riesgos

La inteligencia ha permitido a las personas arreglar los problemas a medida que surgen, así como tener la capacidad de anticiparse a los acontecimientos futuros basándose en las experiencias y tendencias del pasado. El arte de la solución de problemas también es aplicable a esos problemas y también puede utilizarse para permitir que las acciones inmediatas influyan en la posibilidad de que vuelvan a ocurrir como antes o alteren su impacto. Los investigadores han logrado desarrollar y aprender tendencias de causa y efecto en la relación de los problemas y sus orígenes en diferentes entornos y épocas.

3. Mejora del rendimiento

Las personas y las organizaciones no pueden existir únicamente sin depender unas de otras y sin tener vínculos de relación. Por consiguiente, la acción de una de ellas afecta a la otra persona o a una organización directa o indirectamente. El acto de interdependencia entre individuos y organización a organización potencia el trabajo en equipo y crea una fuerza de unidad hacia la solución de problemas más complejos. La resolución de problemas nos ayuda a tener una comprensión más profunda de las relaciones e implementar los cambios y mejoras necesarios para competir seriamente y sobrevivir en un entorno dinámico.

4. Buscando la oportunidad

Resolver es también crear nuevas cosas e innovaciones para lograr un entorno más deseable. Nos permite pasar por diferentes oportunidades, que podemos explotar y controlar.

5. Tomar decisiones

Es esencial para aprender las habilidades de resolución de problemas ya que todos tenemos que tomar decisiones unas cuantas veces en nuestras vidas, ya sea un estudiante o un padre. Esto se debe a que cada persona se enfrenta a problemas todos los días a su nivel. La habilidad de resolución de problemas es crítica y esencial que todas las personas la desarrollen y la perfeccionen a través del entrenamiento, la práctica o el aprendizaje de los demás.

El proceso de solución de problemas

El proceso de resolución de problemas consiste en los siguientes pasos:

Identificación del problema

El problema en cuestión debe ser claro. Debe identificar la fuente correcta de un problema para no hacer que los pasos realizados sean inútiles. No se deben hacer suposiciones para resolver el problema en cuestión. Por ejemplo, si tienes un problema con el rendimiento laboral. Primero, debes identificar la causa del problema. Puede ser el resultado de un sueño inadecuado o de una carga de trabajo excesiva. Pero si asumes que el problema es que el trabajo es demasiado difícil, entonces el problema no se resolverá.

Problema a interpretar

El problema debe ser bien interpretado y comprendido una vez que se ha identificado. La mejor solución es la que asegura que se aborde el problema de todos. Para obtener soluciones con diferentes perspectivas, deben considerarse esas diferentes perspectivas para entender cualquier problema. Por ejemplo, después de identificar que el problema es una carga de trabajo excesiva que afecta a su desempeño laboral, es necesario interpretar y comprender el problema en sí y su causa, y después de eso hay que resolver las razones que subyacen al problema.

Formación de la estrategia

Una estrategia debe estar bien desarrollada para ayudar a encontrar la mejor solución. Debe formular estrategias diferentes para cada situación diferente; también debe depender de la preferencia única de cada individuo. Tomemos el ejemplo del problema del rendimiento laboral. Después de identificar y comprender el problema, se debe trazar una estrategia. Intente formular un plan de trabajo para gestionar la carga de trabajo y al mismo tiempo poder dormir lo suficiente, lo que, a su vez, conducirá a un mejor rendimiento laboral.

Información que debe organizarse

Debe haber una revisión de las estrategias y un refinamiento para obtener resultados perfectos. La exactitud de las soluciones depende en gran medida de la cantidad de información proporcionada. Lo que se sabe y lo que no se sabe sobre el problema en cuestión debe ser considerado para ayudar a averiguar más sobre el problema.

Recursos a asignar

Debido a que los recursos como el dinero, el tiempo y estos últimos son muy limitados, debes decidir cuán alta es la prioridad para resolver tu problema lo que, a su vez, te ayudará a identificar los que usarás para encontrar la solución. Si el problema es importante, puedes asignar más recursos para resolverlo. Sin embargo, si el problema no es tan importante, no vale la pena el tiempo y el dinero. Tomemos un ejemplo en el que consigues un trabajo en un país diferente. El problema aquí es si hay suficientes recursos disponibles para resolver el tema de los gastos y si se recuperará o no el dinero después de haber viajado todo el camino. Si hay ganancia, entonces por qué no.

El progreso a ser monitoreado

Para que sea eficaz en la resolución de problemas, debe controlar regularmente su progreso. Cada progreso debe estar bien documentado. Y, si no estás haciendo tantos progresos como se supone que deben, tienes que reevaluar el enfoque adoptado o de cualquier manera buscar nuevas estrategias. Tomemos el primer ejemplo en el que el problema era el rendimiento laboral. Después de que todos los pasos correctos son tomados para el problema, el progreso también debe ser monitoreado para lograr resultados perfectos.

Los resultados a ser bien evaluados

Por último, hay que evaluar la solución para saber si es la mejor solución posible para el problema en cuestión. Aunque se haya encontrado una solución, no termina ahí. La evaluación puede ser inmediata o puede tardar un tiempo. Tomemos un ejemplo de una respuesta a un problema de ciencia que se puede comprobar en ese momento y allí, sin embargo, una solución a su problema anual con declaraciones de impuestos podría ser imposible de evaluar allí mismo.

Técnicas y herramientas necesarias para la resolución de problemas

Para resolver eficazmente un problema, es crucial que utilicemos técnicas importantes que sean útiles;

Crear un equipo (trabajo en equipo): podrá discutir eficazmente el problema en cuestión porque como es bien sabido dos cabezas son mejores que una. El trabajo en equipo también conduce a la creatividad y ayuda a pensar fuera de la caja.

Tener un diagrama (Causa & Efecto): También conocido como diagrama *fishbone*, le ayuda a explorar todas las causas potenciales y reales que normalmente conducen a un solo fallo o defecto. Se utiliza con fines de lluvia de ideas. La sesión de lluvia de ideas puede actuar eficazmente como un gran método para obtener ideas y causas. Por ejemplo, todos los participantes pueden presentar sus ideas, y el que recoge las ideas puede grabarlas. Las ideas inusuales son bienvenidas, y es importante centrarse en la cantidad.

Utilice los cinco "por qué" para ayudar a llegar a la raíz del problema. Es importante basar los porqués en hechos y observaciones, no en opiniones. Por ejemplo, cuando el problema en cuestión es por qué su coche no arranca, entonces los porqués pueden ser; ¿por qué? - La batería está muerta; ¿por qué? - El alternador no funciona; ¿por qué? - La correa del alternador se ha roto; ¿por qué? - La correa del alternador nunca ha sido reemplazada; ¿por qué? - No le han dado un buen mantenimiento al coche. El último por qué siempre debe ser la causa principal del problema. Usted debe ser capaz de hacer que las herramientas trabajen para usted y no ser un esclavo de las herramientas.

Barreras de la resolución de problemas

La resolución efectiva de problemas requiere más atención, tiempo y voluntad para ir más despacio. Pero menos tiempo y atención de la que requiere un problema no bien resuelto. No siempre es un ejercicio estrictamente lineal el trabajar en este proceso. Con esto, tenemos varias barreras:

La irrelevancia de la información. Esto es cuando la información no relacionada que no ayudará a resolver un problema se presenta como parte de él. Típicamente, esto distrae del proceso de resolución de problemas, porque puede parecer pertinente y al mismo tiempo distraerlo de encontrar la solución más eficiente. Un ejemplo de un problema obstaculizado por información irrelevante es. La respuesta, por supuesto, no es ninguna de ellas: si están en la guía telefónica, no tienen números no listados. Pero la información extraña al principio del problema hace que mucha gente crea que tiene que realizar algún tipo de cálculo matemático. Este es el problema que puede causar la información irrelevante.

Fijación funcional y conjunto mental. La fijación funcional ocurre cuando el propósito previsto de un objeto obstaculiza la capacidad de una persona para ver sus otros usos potenciales. Por ejemplo, digamos que necesita abrir una tapa en un contenedor de metal, pero sólo cuenta con un martillo. Tal vez no se dé cuenta de que puede utilizar el extremo puntiagudo y de dos puntas del martillo para perforar la parte superior de la lata, ya que está tan acostumbrado a utilizar el martillo como una simple herramienta de golpeo que un conjunto mental es una tendencia inconsciente a abordar un problema de una manera particular. Nuestros conjuntos mentales están formados por nuestras experiencias y hábitos pasados. Por ejemplo, si la última vez que su teléfono se congeló lo reinició y funcionó, puede ser la única solución que se le ocurra para la próxima vez que se congele.

Las restricciones son innecesarias. Esta barrera aparece en la resolución de problemas causando que la gente inconscientemente ponga límites a la tarea en cuestión. Un ejemplo famoso de esta barrera para la resolución de problemas es el problema de los puntos. En este problema, hay nueve puntos dispuestos en un cuadrado. Al que resuelve el problema se le pide que dibuje no más de cuatro líneas, sin levantar su lápiz o bolígrafo del papel que conecta todos los puntos. Lo que sucede a menudo es que el solucionador crea una suposición en su mente de que debe conectar los puntos sin dejar que las líneas salgan del cuadrado de puntos. Los solucionadores son literalmente incapaces de pensar fuera de la caja. Los procedimientos estandarizados de esta naturaleza a menudo implican restricciones mentalmente inventadas de este tipo.

Es cierto que la mayor falla de la resolución de problemas es el salto a las conclusiones. También se puede decir que los problemas de los objetos son más fáciles de resolver que los problemas de las personas, porque las personas que anticipan los posibles problemas se consideran generalmente negativos.

Capítulo 10: Habilidades para la resolución de problemas

La resolución de problemas tiene significados ligeramente diferentes dependiendo de la disciplina en cuestión. En psicología, es un proceso mental mientras que en informática es un proceso computarizado. Sea cual sea la disciplina o la situación, ya sea en la escuela o en el trabajo, ya sea en el seno de la familia o en una reunión pública, se enfrentará a un problema. Se le pedirá que proponga una solución al problema al que se enfrenta lo antes posible para evitar un estancamiento.

Requerirás un conjunto especial de habilidades comúnmente conocidas como habilidades de resolución de problemas. Entonces, ¿cuáles son exactamente estas habilidades de las que siempre estás oyendo hablar? ¿Cómo las adquieres y lo más importante, cuándo y cómo las aplicas? Las habilidades de resolución de problemas son rasgos que te permiten evaluar la situación y llegar con calma a una solución. Te ayudan a determinar el origen del enfrentamiento sin ser prejuicioso, a pensar críticamente en el problema y a ofrecer una solución duradera que sea favorable para ambas partes.

Estas habilidades se adquieren a lo largo del tiempo con años de experiencia. Son importantes en cada carrera a cualquier nivel y como resultado la resolución efectiva de problemas puede requerir habilidades técnicas específicas del trabajo. Si bien las habilidades de resolución de problemas son requeridas por los empleadores, también son muy útiles en otros aspectos de la vida como las relaciones interpersonales y la toma de decisiones del día a día.

Gran parte del trabajo en la solución de problemas implica la comprensión de cuáles son realmente los problemas subyacentes del problema y no sólo lo que se puede ver. Por ejemplo, cuando se trata de una queja del cliente, puede parecer sensato tratar el problema lo antes posible. En realidad, es correcto encontrar rápidamente una solución al problema para evitar que el cliente se enoje y pierda clientes como consecuencia. Sin embargo, el empleado que se ocupa de la queja debería preguntarse qué es lo que realmente causó el problema en primer lugar. De esta manera, se puede evitar la recurrencia del problema en el futuro.

Aunque la capacidad de resolver problemas suele describirse como una habilidad propia y separada, hay otras habilidades relacionadas que contribuyen a esta capacidad adquirida. A continuación, discutimos algunas de las habilidades clave para la resolución de problemas: -

Escuchar activamente

La escucha es el componente más importante de las habilidades de comunicación interpersonal. No es algo que simplemente ocurre, sino que es un proceso activo en el que se elige escuchar y comprender los mensajes del interlocutor. Como habilidad, puede adquirirse y desarrollarse con el tiempo con una práctica continua. Implica concentrarse plenamente en el mensaje del orador en lugar de limitarse a escuchar pasivamente lo que éste tiene que decir.

Cuando se resuelva un problema, tendrás que ser un gran oyente. Tendrás que escuchar a las dos partes que están involucradas en el enfrentamiento y entender realmente lo que están tratando de decir. Los signos de escucha activan incluyen, entre otros, sonreír, mantener el contacto visual, una postura adecuada y la capacidad de reflejar las expresiones faciales del orador. También implica hacer preguntas donde uno no puede entender.

Cuando uno escucha y entiende a ambas partes, se hace posible que se llegue a una solución duradera que no favorezca a ninguna de las partes.

Investigación

Esta es una habilidad esencial para resolver un problema, ya sea en una situación simple o compleja. Como solucionador de problemas se le pedirá que identifique la causa del problema y la comprenda plenamente. Esto podría implicar una simple búsqueda en Google en situaciones simples o un proyecto de investigación más riguroso en situaciones complejas como cuando se escribe una tesis de investigación.

Comienza por reunir más información sobre la situación escuchando los testimonios de los compañeros y empleados. Luego se le pedirá que verifique la información recopilada ya sea preguntando a un segundo o utilizando pruebas contundentes como en libros o dispositivos digitales. Entonces podrá consultar a los empleados más experimentados sobre el camino a seguir en relación con el tema o hacer una investigación en línea antes de llegar a su solución.

De esta manera podrá ofrecer una solución a un problema que no sólo entienda su causa fundamental, sino también la cronología de los acontecimientos que llevaron al enfrentamiento.

Pensamiento analítico

El pensamiento analítico es el examen detallado de los elementos o la estructura de algo. Esto da como resultado un conocimiento adicional, soluciones o ideas relacionadas con el problema o tema. Es un proceso complejo que implica la identificación de un problema, la recopilación de más información relativa al problema y el desarrollo de soluciones a su problema. A continuación, se procede a probar la nueva solución o idea basándose en la información que se ha recopilado antes de examinar la situación para averiguar si la solución ha funcionado o no.

Las habilidades analíticas están en demanda en muchas industrias y son comúnmente listadas en los requisitos del trabajo durante un anuncio de empleo.

Comunicación

La capacidad de comunicación es quizás una de las más importantes de todas las aptitudes para la vida, ya que es importante no sólo para mantener las relaciones de trabajo sino también las relaciones interpersonales. En pocas palabras, la comunicación es el acto de transferir información de un lugar a otro, ya sea verbalmente, por escrito o digitalmente. Nos permite pasar información a otras personas y entender y poner en perspectiva lo que se nos dice.

Cuando se resuelve un problema, las habilidades de comunicación son muy útiles. Ya sea cuando se trata de reunir información sobre el problema o cuando se pasa información a las partes interesadas sobre cómo abordar la situación. Es necesario utilizar un lenguaje verbal y corporal apropiado para evitar transmitir un mensaje equivocado y, por lo tanto, crear más conflicto del que ya existe.

Creatividad

La resolución de problemas y la creatividad van de la mano. Se puede perder mucho tiempo tratando de encontrar una solución a un problema en la empresa. Por lo tanto, es importante que usted como responsable sea bastante creativo para ayudar en la gestión del tiempo. Idea estrategias que ayuden a prevenir el problema en lugar de esperar a que suceda para poder abordarlo. También tienes que ser capaz de identificar un problema en sus primeras etapas y encontrar maneras de evitar que se agrande y se salga de control.

En resumen, como líder inteligente, es totalmente su responsabilidad entender que el mejor enfoque para la resolución de problemas es evitar un problema en primer lugar. Aunque es técnicamente imposible evitar los problemas por completo, los problemas serios y de pérdida de tiempo pueden mantenerse a raya usando este enfoque. Se trata de crear un entorno en el que se aliente a los empleados a utilizar su iniciativa para remediar los problemas tan pronto como se produzcan. Además, el gerente y sus empleados deben ser capaces de percibir los problemas antes de que ocurran. Además, los problemas deben verse como oportunidades para aprender y crecer en lugar de como un obstáculo.

Fiabilidad

La fiabilidad es una habilidad muy importante en la resolución de problemas. Es ser capaz de ser dependiente, de ser digno de confianza. Es ser responsable de tus acciones y no tener el hábito de culpar a otros. Es terminar la tarea asignada a tiempo. No sólo terminar la tarea, sino también hacer el trabajo a fondo y entregarlo en el plazo previsto. Se trata de ser confiable, de que alguien pueda depender de usted y no esperar a ser decepcionado.

Los problemas deben ser identificados y resueltos a tiempo. Como solucionador de problemas, sus compañeros deben poder confiar en que será muy confiable cuando maneje la situación. Deben confiar en que pondrá la situación actual en primer lugar y que llevará a cabo sus investigaciones sobre la situación actual de manera rápida y efectiva. También deben creer que no se olvidará de lo que se supone que debe hacer, dejándolos sin solución a su problema. La solución de problemas consiste en hacerse cargo de la situación como el líder que usted es y entregar los resultados de manera oportuna y efectiva.

La toma de decisiones

La resolución de problemas y la toma de decisiones son dos habilidades estrechamente relacionadas. La toma de decisiones implica elegir finalmente una de las muchas soluciones que tienes en línea. No sólo llegar a una conclusión, sino también elegir la solución más adecuada y fiable. Una que favorezca a ambas partes sin ser perjudicial. Se trata de analizar críticamente la situación y de hacer una extensa investigación sobre el problema.

Se trata de aceptar que no se puede confiar sólo en la propia inteligencia para ayudar a resolver la situación, que se necesita ayuda de personal más experimentado o de los medios impresos y digitales. Se trata de hacer una lista de todas las soluciones que se te ocurran y de pensar críticamente y analizar la situación para poder elegir una. La única solución elegida debe ser la más efectiva y adecuada según la situación. Como líder, es por lo tanto primordial que usted sea un buen tomador de decisiones. Sus empleados le admirarán para ver con qué viene. Es su decisión la que determinará cómo progresa la situación. Ya sea que empeore o que finalmente salve la situación.

Creación de un equipo

Un equipo es un grupo de personas que se reúnen con un propósito común. Ya sea un trabajo o un comité para actividades posteriores como una boda o deportes. En general, un equipo tiene un objetivo y propósito común. En su lugar de trabajo, son un equipo. Aunque en diferentes departamentos, con probablemente diferentes objetivos establecidos, todos tienen un propósito según la misión y la visión de la empresa. Ya sea resolviendo un problema en casa, en el trabajo o cuando trabajen en su tesis como estudiantes graduados, el trabajo en equipo es muy crucial para el proceso de llegar a la solución.

Por lo tanto, es importante que, al resolver un problema, todas y cada una de las partes interesadas participen en el proceso. Sensibles a sus subordinados y compañeros de trabajo en la resolución de problemas. Déjenlos entrar en lo que realmente está sucediendo. Sensible a los plazos, las dificultades con los suministros o los retrasos en los pagos. Escuche a su personal y deje claro que está interesado en escuchar lo que tienen que decir.

Cuando surja un problema, escuche atentamente a ambas partes y deje que le digan cómo se sienten respecto a la situación. Deje que le digan cómo creen que debe proceder.

Incluso frente a los problemas, déjelos sentirse como un equipo y trabajar como tal a pesar de los desafíos que enfrentan. Cuando escriban su tesis, la participación de todas las partes interesadas, incluyendo su profesor y su departamento es crucial. Los necesitarán a todos en diferentes momentos durante la escritura de su tesis.

Inteligencia emocional

La inteligencia emocional se refiere a la capacidad de identificar y manejar las emociones propias y las de los demás. Es una habilidad crucial que no sólo es importante para resolver un problema sino también para interactuar con otros. Permite no tomar las cosas personalmente, pensar con madurez sin tener en cuenta sólo las emociones propias y, sobre todo, las de los demás. Te permite mirar el problema críticamente y considerar su impacto emocional en la vida de los afectados. Para empatizar con los demás y poner sus propios sentimientos a un lado.

De esta manera, harás una solución que considere las emociones de los afectados. No seguirás adelante y serás cruel sólo porque sientes que la situación te afecta más. En cambio, la solución que hagas se hará desde un punto de vista cuerdo, maduro y libre de la influencia de las emociones propias.

Gestión de riesgos

Cada acción que haces en tu vida diaria es un riesgo. Cuando decides comer fuera en lugar de cocinar, estás corriendo un riesgo ya que no sabes si la comida que pides está contaminada y podría causar una intoxicación alimentaria. Incluso cocinar para ti mismo es un riesgo, ya que no sabes si ese es el día en que el gas decide ser defectuoso, volando tu casa. Con esto en mente, es importante que tenga en cuenta que la resolución de problemas implica correr un riesgo.

Incluso con una adecuada escucha activa, una extensa investigación y consulta, la solución a la que llegas conlleva un riesgo. No sabes si será efectiva o terminará creando más problemas para ti. Además, no estás seguro de si el resto del personal aceptará tu solución. Tendrás que ser ágil para identificar cuando tu solución no funciona, para que puedas encontrar rápidamente otra solución y así salvar rápidamente la situación.

A continuación, se presentan algunos consejos para mejorar su capacidad de resolución de problemas

Adquiera más conocimientos técnicos en su campo

Dependiendo del campo en el que se haya especializado, ya sea ingeniería, psicología o ciencias de la salud, le será más fácil resolver los problemas en el campo si tiene los conocimientos técnicos de trabajo adecuados. De esta manera, no sólo estará tomando decisiones a ciegas o aconsejando a otros mediante el uso de rumores que ha escuchado. Obtendrá más conocimientos técnicos si regresa a la escuela para hacer un curso adicional, más entrenamiento y práctica en su campo de especialidad.

Busca oportunidades para resolver problemas

Siempre se pone en situaciones nuevas. Puede ser que se ofrezca como voluntario para nuevos proyectos en su puesto actual, en otro equipo o fuera de su lugar de trabajo para otra organización. De esta manera es probable que se exponga a nuevas oportunidades para resolver problemas. Lenta pero seguramente adquirirá las habilidades necesarias para resolver problemas, ya que se enfrentará constantemente a nuevos retos que la situación requiere que aborde.

Problemas de práctica

Como dicen, la práctica hace al maestro. Encuentre las herramientas de práctica apropiadas para usted. Pueden ser libros de práctica o tutoriales en línea sobre cómo resolver problemas. Elija el más apropiado dependiendo de su industria. Esto le expondrá a diferentes desafíos que esperaría en su lugar de trabajo. Tratar de manejarlos en ese momento, aunque sea de forma teórica, puede ayudarle a encontrar rápidamente soluciones efectivas una vez que se enfrente al mismo desafío en el trabajo.

Observar cómo resuelven los problemas de los demás

En su lugar de trabajo, definitivamente hay personas con más experiencia que usted, sin importar su posición o rango. Así como los niños aprenden observando e imitando lo que hacen sus mayores, nosotros también podemos aprender. Cuando surge un problema y no eres tú quien lo resuelve, es importante que prestes mucha atención a lo que está pasando. Seguir de cerca los acontecimientos del problema y anotar cómo la otra persona está manejando la situación. De esta manera, cuando se enfrente a una situación similar, podrá abordarla con la mayor confianza.

Cada día de nuestras vidas, nos enfrentamos a una situación difícil, ya sea en la escuela, el trabajo o en casa. Estas situaciones requieren que veamos las cosas desde todos los ángulos para poder encontrar una solución adecuada. Por lo tanto, es importante que nos entrenemos en cómo manejar tales situaciones, primero informándonos sobre las habilidades adecuadas para resolver problemas y luego poniendo en práctica lo que hemos aprendido. No olvidemos que estas habilidades son aplicables en todos los aspectos de nuestras vidas, no sólo cuando buscamos trabajo. Por lo tanto, es importante que las adquiramos por el bien de la coexistencia pacífica con los demás.

Conclusión

Gracias por llegar al final de la GUÍA PARA PRINCIPIANTES DE PENSAMIENTO CRÍTICO Y SOLUCIÓN DE PROBLEMAS: ¡Conviértase en un mejor pensador crítico y solucionador de problemas, usando herramientas y técnicas secretas que impulsarán estas habilidades y su toma de decisiones ahora!

Esperemos que la información haya sido capaz de proporcionarle todas las herramientas que necesita para convertirse en un mejor pensador crítico y un solucionador de problemas efectivo. Al terminar este libro, serás capaz de poseer la maestría que buscas para hacer juicios correctos de los argumentos y analizar y resolver claramente las situaciones.

Hemos repasado la definición del pensamiento crítico, los diferentes tipos de pensamiento crítico, el marco del pensamiento crítico y los elementos de las normas intelectuales. Este libro ha ofrecido técnicas fáciles de usar, pero muy poderosas y efectivas que los estudiantes y el resto del mundo pueden adoptar para convertirse en mejores pensadores críticos. Ahora está familiarizado con las razones para adoptar el pensamiento crítico y cómo aplicarlo en la vida real. También has aprendido que tienes el poder de resolver todos los problemas, siempre y cuando estés dispuesto a pensar de manera crítica y diversa.

Para que usted mejore sus habilidades de pensamiento crítico, es vital que abarque todos los consejos y técnicas que ha leído aquí. Puede que no esté en el orden en que los he enumerado en este libro, pero debes usar la mayoría de ellos para obtener los máximos beneficios. Ahora es consciente de que convertirse en un gran pensador y ser capaz de razonar bien requiere práctica. Lo siguiente que querrá hacer es poner en práctica las cosas que ha leído aquí; de esta manera, actualizará el conocimiento que ha adquirido.

Maestría en Psicología Oscura

Domina los secretos de la psicología oscura y sus fundamentos como el arte de leer a la gente, las técnicas de manipulación y cómo dejar de ser manipulado, y las habilidades de persuasión!

Por Marcos Romero

Índice de contenido

Introduccion

Felicitaciones por la compra de Psicología Oscura y gracias por hacerlo.

En los siguientes capítulos se discutirá todo lo que necesitas saber en cuanto a persuasión, manipulación, Tríada Oscura, y algunos casos de estudio de la psicología oscura. Hay muchos manipuladores, e individuos que buscan conseguir lo que quieren, y no les importa si dañan a alguien en el proceso de alcanzar sus objetivos. Usarán muchas técnicas diferentes para llegar allí, y a menudo la víctima ni siquiera sabe lo que está pasando. Incluso si se dan cuenta, a menudo se sienten tan atrapados en el ciclo que es difícil escapar.

La manipulación es otra forma de control mental que se discutirá en profundidad en este libro guía. Aprende más sobre las técnicas utilizadas para la manipulación. Si su objetivo es influenciar a una persona y persuadirla usando la táctica de la manipulación, entonces este libro guía le será de gran ayuda. El engaño también se discute en profundidad. El engaño es algo con lo que la mayoría de la gente está familiarizada, aunque la mayoría de la gente no lo reconozca como una forma de control mental.

Una comprensión más profunda de estas formas de control mental puede ayudar a facilitar el control de su propia mente y limitar la influencia que otros tienen sobre usted. Si decide tomar este camino de la persuasión para asegurarse de que lo hace con extrema precaución, si se aplica maliciosamente puede ser muy peligroso y puede meterse en serios problemas. En este libro guía, también aprenderás el concepto de la tríada oscura. El rasgo de personalidad de Maquiavelo, la psicopatía y el narcisismo en detalle.

Capítulo 1: El Concepto de Psicología Oscura

La psicología oscura es el fenómeno por el cual las personas hacen uso de técnicas de coerción, motivación, manipulación y persuasión para obtener lo que desean o quieren. Se considera como el estudio de la conciencia humana y las construcciones del estado humano, ya que se asocia a la naturaleza psicológica de los seres humanos para cazar a otros seres humanos, que se desencadena por un impulso psicopático, psicopatológico o criminal desviado que carece de los supuestos generales del impulso instintivo, las ciencias sociales y la teoría de la biología evolutiva.

La humanidad tiene el poder de victimizar a otras criaturas vivientes y a los humanos. Mientras que la mayoría de la gente puede sublimar o restringir esta tendencia. La psicología oscura tiende a entender las percepciones, pensamientos y sentimientos que conducen al comportamiento depredador de una persona. Se asume que los hábitos desviados y criminales abusivos son intencionales y tienen una motivación racional y orientada a objetivos. La psicología oscura sugiere que hay una parte dentro de la psique humana que hace que la gente se comporte en comportamientos atroces sin razón. La psicología oscura sugiere que cada persona tiene una reserva de intenciones malévolas hacia otras personas que van desde pensamientos mínimamente fugaces y molestos hasta hábitos desviados psicopáticos totales sin ninguna racionalidad cohesiva. Se denomina "Continuo Oscuro".

La psicología de la oscuridad no es sólo la parte oscura de la luna, sino también la parte oscura de todas las lunas juntas. Consiste en todo lo que te hace ser quien eres en una relación con tu vida oscura. Todos los credos, la humanidad y las culturas tienen este proverbial cáncer. Desde el momento en que naces hasta que mueres, hay una parte dentro de ti que algunas personas se han referido como el mal, mientras que otras personas se han referido a él como el estado patológico, desviado y criminal. La psicología oscura sugiere que tienes la habilidad de tener hábitos depredadores y esta habilidad tiene acceso a tus percepciones, sentimientos y pensamientos. Tienes el potencial, pero sólo unas pocas personas actúan sobre su potencial.

Todo ser humano ha tenido sentimientos y pensamientos, en algún momento, de desear actuar en un comportamiento brutal. En algún momento de la vida, has tenido pensamientos de dañar a otros. Si eres honesto contigo mismo, estarás de acuerdo en que has tenido los sentimientos y pensamientos de desear cometer actos atroces. Habiendo sabido ese hecho, eres una especie benévola: a uno le encantaría creer que piensas que estos sentimientos y pensamientos no existirían. Por desgracia, tenéis estos pensamientos, pero nunca actuáis sobre ellos.

La psicología oscura sugiere que hay personas que tienen percepciones, pensamientos y sentimientos similares, pero actúan sobre ellos de manera impulsiva o premeditada. La diferencia común es que ellos actúan sobre sus pensamientos mientras que otras personas tienen sentimientos y pensamientos fugaces de hacerlo. Si crees en la evolución, entonces crees y sabes que cada comportamiento humano asociado con los tres principales instintos humanos que incluyen, el impulso instintivo de autosuficiencia, la agresión y el sexo.

La evolución se adhiere a los principios de la supervivencia y la réplica y el más apto de la especie. Todo ser humano tiene una forma de actuar para sobrevivir y procrear. La agresión se manifiesta en ti por las razones de proteger tu territorio, marcar tu territorio, y finalmente lograr el derecho a procrear. Tu poder de percepción y pensamiento te ha convertido en el vértice de la práctica de la brutalidad y el vértice de la especie. Sentirás pena y te encogerás si ves a un antílope siendo desgarrado por una manada de leones. Aunque es desafortunado y brutal, la razón principal del caos encaja con el aspecto evolutivo de la autoconservación. Los leones cazan y matan por comida, que es necesaria para sobrevivir. Las criaturas macho luchan hasta la muerte a veces, por la voluntad de poder o el rito del territorio. Estos actos pueden parecer brutales y violentos, pero la evolución da una explicación. Los desafiantes tenderán a perseguir a otras personas, pero a menudo se considerarán perseguidos. La psicología oscura les ayudará a estar mejor preparados y a reducir las posibilidades de ser víctimas de los depredadores humanos.

Los seis principios de la psicología oscura

La psicología oscura es un aspecto universal del estado humano. Cada sociedad, cultura y personas que viven en ellas mantienen esta faceta del estado humano.

Un mejor conocimiento de la causa raíz y de los desencadenantes de la psicología oscura permitiría a la sociedad diagnosticar, reducir y reconocer los peligros de su influencia.

Una mejor comprensión de la psicología oscura tiene dos aspectos. Primero, tener una mejor comprensión de la psicología oscura de cómo encaja con sus razones evolutivas originales para luchar por sobrevivir. En segundo lugar, al consentir que tienes este potencial para el mal, te permite reducir la probabilidad de que estalle.

Debido a su potencial de ser malinterpretado como psicopatía, la psicología oscura puede ser pasada por alto en su forma latente. La psicología y la psiquiatría modernas definen la psicopatía como un depredador sin remordimientos por sus acciones. Sugiere que existe una continuidad de gravedad que va desde los sentimientos y pensamientos hasta el caos grave y la victimización sin una motivación o propósito razonable.

Supone que toda persona tiene capacidad para el caos. Esta habilidad es innata en cada humano y diferentes factores externos e internos aumentan la probabilidad de que esta habilidad se muestre en comportamientos violentos. Los comportamientos son de naturaleza depredadora, y en algún momento, pueden actuar sin ningún propósito. La psicología sugiere que la dinámica depredador-presa se distorsiona por los seres humanos. Es específicamente un fenómeno humano y no es compartido por ninguna otra criatura viviente. Es el estudio del estado de los seres humanos lo que se asocia a las percepciones, pensamientos y sentimientos de una persona asociados con esta habilidad innata de cazar a otras personas sin un propósito definido.

En el continuo, la intensidad de la psicología oscura no se considera más o menos atroz por el hábito de la victimización, pero traza una gama de inhumanidad.

La progresión oscura

Este es un aspecto muy vital para entender en su paso por su lado oscuro y el lado oscuro de la humanidad. Es un aspecto conceptual imaginario que todo comportamiento sádico, violento, criminal y desviado cae. Consiste en percepciones, acciones, sentimientos y pensamientos experimentados por los seres humanos. Va de lo severo a lo leve y de lo sin propósito a lo intencional. Una manifestación física de la psicología oscura aparece en el lado derecho del continuo oscuro y muy extrema. Las manifestaciones psicológicas de la psicología oscura aparecen en el lado izquierdo de La progresión oscura, pero pueden ser tan destructivas como los actos físicos.

El factor oscuro

Esto se refiere al lugar, reino y potencial que existe en cada ser humano y que es parte del estado humano. Este aspecto es uno de los términos más abstractos de la psicología oscura, esto es porque es muy directo para manifestarse a través de la expresión escrita. El factor oscuro es una ecuación teórica. Es un conjunto de eventos que experimentas, que aumenta tu probabilidad de tener un comportamiento depredador. La investigación dice que los niños que son criados en hogares abusivos tienden a convertirse en abusadores cuando crecen, esto no significa que todos los niños abusados crezcan para convertirse en delincuentes violentos. Esta es sólo una faceta de una multitud de circunstancias y experiencias que contribuyen al factor oscuro.

Técnicas de psicología oscura que a menudo se utilizan a diario. Ninguno de nosotros desea ser sujeto de manipulación y coacción, pero ocurre a menudo. Puede que no seas la víctima de otra persona especificada en la tríada oscura, pero la gente normal y corriente como tú experimenta diariamente técnicas de psicología oscura.

Estas técnicas se encuentran generalmente en las tácticas de ventas, comerciales, anuncios de Internet, incluso en el comportamiento de tu gerente. Cuando tengas hijos, definitivamente te enfrentarás a estas técnicas mientras tus hijos experimentan con comportamientos para conseguir lo que desean y buscan autonomía. De hecho, la persuasión oscura y la manipulación encubierta son usualmente aplicadas por personas que amas y en las que confías.

A continuación se presentan algunas de las técnicas aplicadas a menudo por gente normal y corriente:

Soborno

El prominente psicólogo B.F. Skinner educó al universo sobre el poder del refuerzo y la formación. Desafortunadamente, la mayoría de la gente lo ha aplicado como una forma de soborno. Hay una diferencia entre el soborno y el refuerzo. El refuerzo, si no se maneja adecuadamente puede ser percibido como un soborno por el receptor y la relación puede convertirse rápidamente en expectativas de soborno. This occurs when the other person says what they need you to do or give them in order to do an action.

Mentira

Exagerar, mentir, decir medias verdades y dar vueltas a los hechos son probablemente las técnicas de manipulación más populares. Normalmente se puede detectar la mentira observando el lenguaje corporal de otra persona. Los relatos de la mentira consisten en sonrojarse, falta de contacto visual, sudor, inquietud, hablar demasiado y lenguaje corporal contradictorio.

Preguntas principales

El liderazgo de las preguntas es una técnica de psicología oscura que aplica un proceso de hacer preguntas para establecer un estándar y lograr un compromiso. Una vez que la persona obtiene un nivel de compromiso y suficientes respuestas afirmativas, pedirá al sujeto un compromiso y apelará a la necesidad de la persona de ser coherente con su acción y sus palabras.

Esta es la técnica que suelen aplicar los recaudadores de fondos no éticos. La presentación es un ciclo de preguntas que consiguen que diga sí tantas veces como sea posible, afirmando las necesidades de la fundación, las necesidades de los demás, que necesita ayuda, entonces las preguntas finales serán pedir dinero.

Esto te pone en una posición en la que cuando dices que no, temes ser visto como no consistente con tus afirmaciones, creencias y compromiso.

Inundación de amor

Ocurre cuando una persona te ofrece mucho amor y afecto. El tacto, los regalos, los cumplidos y la atención se aplican generalmente para inundarte. Cuanto más necesites ser aceptado, no eres susceptible a esta forma de psicología oscura. Una vez que el manipulador crea una relación contigo y ha creado una dependencia en su afecto y amor, entonces te manipulará retirando su atención y amor.

Abstinencia Amorosa

Consiste en retirar el afecto, la atención o el amor para obtener un comportamiento o respuesta específica. Esta es una técnica muy peligrosa si los padres o tutores la aplican con sus hijos. Esta técnica se aplica normalmente junto con la inundación de amor. Sin embargo, el agente no tiene que aplicar la inundación de amor si ya tiene un vínculo con la víctima.

Opciones Limitadas

Es cuando una persona intenta que usted tome una decisión conforme a sus necesidades. La mayoría de los vendedores son educados sobre esta técnica para que puedan maximizar su capacidad de venta. Esta técnica se ve durante la etapa final del discurso de venta. A menudo se aplica a una pregunta.

La idea es proporcionar sólo dos alternativas y distraerlo de una opción alternativa, que ellos no querrían que usted considerara.

Agresividad - Pasiva

Trata de evitar la confrontación directa, pero busca obtener una reacción particular. Las tácticas pasivo-agresivas incluyen la inducción a la culpa y el sarcasmo. Aquellos que no desean ser percibidos como excesivamente asertivos o agresivos aplican esta técnica. También la aplican los que temen la confrontación directa.

Influencia subliminal

Es una técnica que aplica estímulos auditivos y visuales para sembrar la familiaridad de una creencia, servicio, producto o acción. Los mensajes subliminales apelan al sistema de procesamiento auditivo y visual de la mente. La mente lo detecta y lo procesa, pero en un punto subconsciente.

Los videos que muestran una imagen que no puedes ver tienen alguna influencia en ti, es muy pequeño. La influencia subliminal es muy efectiva si se aplica como una primicia subliminal.

Esto ocurre cuando las imágenes o las palabras se aplican para que tu cerebro se familiarice con una idea en particular. Más tarde es muy probable que tomes una decisión basada en la imagen o la palabra con la que fuiste preparado. ¿Alguna vez te has preguntado cómo esos magos y mentalistas son capaces de saber lo que vas a decir o qué persona vas a seleccionar? Esto se debe a que han sembrado y preparado tu cerebro de tal manera que volverás a la idea o la palabra que te preparó. La mayoría de las técnicas de marketing se basan en este procedimiento.

Manipulación semántica

Aplicando palabras que se supone que tienen un significado mutuo o común, pero el agente le dice más tarde que tiene una comprensión y un significado diferente de la interacción. Esto se aplica normalmente en la interacción para crear una sensación de acuerdo entre ambas partes, pero el manipulador explicará más tarde que su comprensión de las palabras aplicadas era diferente a la de la otra parte, excusando así el incumplimiento del acuerdo. Las palabras son esenciales y poderosas.

Psicología inversa

Es una táctica que implica la defensa de un comportamiento o creencia opuesta a la deseada, con la expectativa de que este procedimiento anime a la víctima de la persuasión a hacer lo que realmente se quiere que sea opuesto a lo que se sugiere.

Juegos mentales

Son tácticas psicológicas aplicadas para generar una lucha entre las personas por la supremacía y la superioridad psicológica. Esta táctica usualmente usa un comportamiento pasivo-agresivo para desempoderar o desmoralizar a la víctima pensante, haciendo que el agresor parezca poderoso. Los juegos mentales incluyen técnicas de comunicación que incluyen la vergüenza social y la manipulación semántica.

La mayoría de las personas que utilizan estas técnicas de psicología oscura saben exactamente lo que están haciendo y son intencionales acerca de manipularte para conseguir lo que desean, aquellos que aplican técnicas de psicología oscura y poco éticas sin ser plenamente conscientes de ello. La mayoría de estas personas aprendieron las técnicas durante la infancia de sus padres o tutores. Otros aprendieron las técnicas en su edad adulta o adolescente por casualidad. Aplicaron una técnica de manipulación intencionalmente y funcionó. Consiguieron lo que deseaban. Por lo tanto, continúan aplicando la técnica oscura que les ayuda a conseguir lo que quieren en cualquier momento.

En otros casos, la gente está entrenada para aplicar estas técnicas de psicología oscura. Los programas de entrenamiento que enseñan técnicas de persuasión, no éticas, técnicas de psicología oscura son normalmente programas de marketing o ventas. La mayoría de estos programas aplican técnicas oscuras para vender un producto o generar una marca con el objetivo de servir a sí mismos o a su empresa no a sus clientes.

¿Quién aplica la Psicología Oscura?

Sociópatas

Aquellos que son verdaderamente sociópatas, que cumplen con el diagnóstico clínico, son generalmente inteligentes, encantadores, pero impulsivos. Debido a su inadecuada emocionalidad y capacidad de sentir remordimiento, aplican técnicas de psicología oscura para crear un vínculo superficial y luego se aprovechan de los demás.

Políticos

La mayoría de los políticos aplican técnicas de psicología oscura y técnicas de persuasión oscura para convencer a la gente de que tienen razón y conseguir votos.

Narcisistas

Aquellos que son verdaderamente narcisistas, tienen un sentido inflado de autoestima. Requieren que otras personas validen su creencia en ser poderosos. Tienen sueños de ser adorados y venerados. Aplican técnicas oscuras, manipulación y persuasión oscura para mantener esto.

Abogados

La mayoría de los abogados se concentran tan intensamente en ganar sus casos que recurren a la aplicación de técnicas de persuasión poco éticas para obtener el resultado que desean.

Oradores públicos

La mayoría de los oradores aplican técnicas poco éticas para elevar la condición emocional de la audiencia sabiendo muy bien que eso lleva a vender más productos en el fondo de la sala.

Vendedores

La mayoría de los vendedores se concentran tanto en conseguir una venta que recurren a técnicas poco éticas para persuadir y motivar a la gente a comprar sus productos.

Líderes

La mayoría de los líderes aplican técnicas poco éticas para obtener un mayor rendimiento, conseguir la conformidad o un mayor esfuerzo de sus subordinados.

Personas egoístas

Puede ser cualquier persona que tenga una agenda propia antes que la de los demás. Aplicarán técnicas para alcanzar sus propias necesidades primero, incluso el gasto de otra persona. No les importan los resultados de ganar o perder.

Capítulo 2: Manipulación emocional encubierta

La manipulación es un tipo de influencia social que tiene como objetivo alterar la percepción o el comportamiento de otras personas a través de tácticas solapadas, engañosas o indirectas. Al promover los deseos del manipulador siempre a expensas de otras personas, tales métodos pueden ser considerados tortuosos y explotadores. El manipulador deliberadamente construirá un desequilibrio de poder, y explotará a la víctima para servir a su propósito.

La manipulación emocional se refiere a la manera en que una persona sabia le influye para que responda o se comporte ante situaciones y problemas de una forma que no es original para usted pero que se ajusta a su propósito. Este aspecto no suele ser contundente, sino que tiene que ver con el juego con tus emociones o tu mente para explotarte.

Se relaciona con alguien que usa lo que le pertenece de una manera encubierta para alimentar sus propios deseos sin obtener su consentimiento. La cuestión principal no es sobre los manipuladores que actúan en secreto, sino que la mayoría de ellos te hacen hacer cosas que idealmente no habrías hecho, tal vez incluso un acto que consideras malo o al que te opones seriamente.

Por qué necesitas saber las tácticas de manipulación emocional

Si ignoras las tácticas que te aplican los manipuladores, no podrás romper su hechizo. Siempre te engañarás a ti mismo que estás a cargo de tu vida cuando en realidad no lo estás. Cuando tienes la habilidad de identificar las tácticas usadas por los manipuladores, puedes identificar fácilmente cuando están siendo usadas en ti.

A veces la mayoría de la gente diría que la manipulación emocional es un mal hábito, puede haber momentos específicos en los que tendrás que aplicarla cuando quieras conseguir lo que deseas de personas que inicialmente no han cooperado contigo. La comprensión de las técnicas te guiará para saber qué hacer en tales situaciones. Los manipuladores emocionales trabajan en los puntos débiles psicológicos de la víctima.

Características de los manipuladores emocionales

Dominación

Secreto. Tienden a trabajar entre bastidores para lograr su deseo. Aunque cuando los manipuladores te tienen a su alcance tienden a salir a la luz y presumir de ser buenos oyentes. Prestan mucha atención a los detalles de tus interacciones con ellos, y a partir de eso, son capaces de elegir dónde empezar a controlarte.

Engaño. Eso tiene la capacidad de hacerte ver una cosa negra como blanca usando astucia o artesanía.

Técnicas de manipulación emocional

Abuso Psicologico (Gaslighting)

Para lograr el Abuso Psicologico, a la persona se le debe hacer dudar de algo de sí mismos que sea real. Aunque de manera encubierta, tienden a hacer preguntas que harían pensar dos veces incluso en las cosas que a menudo se han considerado sacrosantas.

Para combatir esta técnica emocional, necesitas documentar tus experiencias y acontecimientos de la vida y deberías referirte a ellos a menudo. Esto te ayudará a no dudar ni siquiera de una sola de tus experiencias.

Negación

Es muy difícil separar la negación, la mentira y la distorsión de los hechos de la manipulación emocional. Aunque un manipulador no suele oponerse a los hechos, su supuesta aceptación de los mismos es para servir a su propósito de manipularte más tarde. Consentirán un hecho sólo para negarlo más tarde.

Proyección

Los manipuladores utilizan esta táctica para trasladar sus defectos o deficiencias a otra persona. En lugar de asumir la responsabilidad de sus errores, prefieren echar la culpa a otra persona. Es una técnica abusiva que busca llevar la carga de la culpa de ellos a otra persona. Su principal propósito es pintarse a sí mismos limpios mientras la otra persona se ve desafortunada y sucia.

Intentan hacerte parecer débil mientras que ellos parecen ser fuertes. Deberías buscar personas que noten fácilmente los errores en los demás: sólo están proyectando su yo negativo.

Intimidación

Cuando un manipulador te considera una amenaza, tiende a silenciarte. Tienden a permanecer cerca de ti y a hablar de una manera que combina sutileza y agresividad. Los manipuladores tenderán a mirarte a los ojos con un extraño lenguaje corporal para que puedas olvidar tu tren de pensamiento o terminar una interacción con ellos.

Para combatir esta técnica, debes superar tus miedos y aprender a resistir la intimidación. Como medida de precaución, debes evitar revelar tus debilidades o miedos a alguien en quien no puedas confiar. Pide ayuda a otras personas donde y cuando la necesites, pero nunca debes hacer sentir a los manipuladores que tienes miedo de nada, incluso de ellos.

Magnifica sus propios problemas mientras disminuyes los tuyos. Fingen que sienten mucho por lo que estás pasando y también darían una muestra de empatía efímera, esto es para ocultar sus verdaderas intenciones. Sin embargo, rápidamente sacarán a relucir sus dificultades también y las magnificarán para que las tuyas parezcan insignificantes.

Intimidación intelectual

Tenderán a abrumar los hechos intelectuales. Puede que no sean tan exactos, pero saben que usted no tiene la oportunidad o el acceso para verificar la autenticidad de sus afirmaciones. Hasta cierto punto, los manipuladores se colocan a sí mismos ante usted como una autoridad de algún tipo para salirse con la suya.

Para combatir esta táctica, necesitas informar. No tienes que saber todo acerca de todo, sino esforzarte por saber algo acerca de todo. Cuando una persona se acerca a ti con un hecho alegado, aparte de que no te arrastra, puedes predecir correctamente su autenticidad o no.

Divagacion intencional

Se refiere a desviarse del curso normal de la interacción a algo completamente irrelevante para el asunto en cuestión.

Insultos

Una de las principales características de un manipulador emocional es que tiene una exaltada pero siempre falsa opinión de sí mismo. Tienden a estar a menudo en lo cierto mientras que todos los demás están a menudo equivocados. La mayoría de las personas que practican la manipulación emocional tienden a ser narcisistas. Así que cuando intentes desafiar su ego, prepárate para conseguir más nombres además de los que aparecen en tu certificado de nacimiento.

Para combatir esta técnica, debes decirles francamente que te opones a que te insulten.

Acosar y chismorrear

El principal propósito de la manipulación es crear a Byron tú. Pero cuando parece que controlarte puede ser muy difícil, pueden cambiar su técnica para controlar cómo te ve o te ve la gente. Los manipuladores buscan lograr esto difundiendo falsedades sobre ti a tus espaldas. En algunas situaciones, incluso pueden verse obligados a acecharte: eso es controlarte a tu alrededor. La razón principal es intimidar y dar a la gente una mala impresión de ti.

Acondicionamiento

Es un método psicológico para entrenar a una persona hacia un gusto o rasgo específico que el entrenador quiere. El propósito es hacer que se deshaga de sus valores iniciales y adopte los de los manipuladores.

Cómo puedes manipular a la gente (Técnicas)

Cada táctica que necesitas para poder manipular las mentes de los demás. Siempre trata de ser inteligente en el uso de las tácticas, practica mucho y pronto serás capaz de influir en la forma en que otras personas se comportan y piensan.

Táctica de miedo y alivio.

Esta técnica implica jugar un poco con las emociones de alguien y si bien es un hecho que esta táctica puede causar una gran cantidad de ansiedad y estrés, esta táctica es muy eficiente.

Esta técnica tiene dos partes: Primero, debes hacer que otra persona le tema a algo. Al hacerlo, harás que la otra persona sea vulnerable al comportamiento ilógico que puedes usar para tu ventaja. En segundo lugar, le ofreces a la persona un alivio del miedo que está experimentando.

Táctica de Replicacion

Esta técnica consta de dos partes. Primero, cuando intentas reflejar a la persona que intentas manipular y segundo, la persona que intentas manipular te reflejará a ti. El reflejo establece la confianza entre tú y la otra persona y también te ayuda a crear una conexión que finalmente comenzarás a explotar. La táctica es bastante simple, todo lo que necesitas hacer es copiar el comportamiento. Siempre mira de cerca el lenguaje corporal de la persona, los gestos de las manos y la cara y el tono de su voz.

Enfoque de culpabilidad

No subestime el potencial de hacer que una persona se sienta culpable por algo. Si una persona tiende a sentirse culpable por algo, hará todo lo posible para compensarlo. En este punto, es cuando empiezas a plantar tus propias ideas en la mente subconsciente de alguien y esperas a que fluyan con ella.

Representar el rol de la víctima

Esta táctica va de la mano con la técnica de aproximación culpable, debería considerar la combinación de ambas para lograr el mejor resultado. Pero recuerde que debe tener más cuidado cuando utilice la técnica de víctima de juego porque a veces puede ser un arma de doble filo y puede funcionar contra usted si se excede.

Finges ser la víctima en una situación, haciendo que los demás sientan lástima por ti y que se sientan mal por la forma en que te están tratando. Esto ocurre permitiendo que tus objetivos sientan que son los que tratan de influenciarte.

Técnica de soborno

Esta táctica es muy utilizada y a menudo funciona como un encanto cuando tratas de hacer que alguien haga lo que deseas. Cuando recompensas a alguien, se sentirán obligados a devolver el favor. Siempre asegúrate de usarla en tu mejor interés cuando te devuelva el favor. Intenta averiguar qué necesita tu pareja y dáselo, asegúrate de sugerirle algo a cambio. Siempre tenga cuidado de no sonar como si les estuviera chantajeando, ya que eso puede no terminar bien.

Táctica de enamoramiento

Esta táctica se utiliza al principio de una interacción con la persona que estás tratando de influenciar, demuestras atención positiva y afecto hacia tu objetivo y será muy difícil después que no se sientan bien contigo. Naturalmente, es el instinto de una persona tratar bien a la gente si ellos hacen lo mismo.

Si comienzas una interacción con ser muy amable con una persona, le estás tendiendo una trampa emocional, y es probable que caiga en la trampa.

Ser un buen oyente

Desarrollar la confianza entre usted y la otra persona es un aspecto muy importante de la influencia. Si alguien no confía en ti, no querrá interactuar contigo y perderás la oportunidad de influenciarlo. Por eso es muy vital ser realmente amigos y una de las mejores maneras de hacerlo es siendo un buen oyente.

Beneficios de ser un buen oyente:

- Crea una ilusión de amistad a los precios de la interacción.

Parecerás confiable y atractivo cuando la gente vea que estás interesado en lo que tienen que decir. Fortalece tu confianza cuando después de un tiempo mencionas lo que te han dicho antes. Esto demuestra que realmente te preocupaste y los escuchaste de verdad.

- Aprende a interpretar el lenguaje corporal.

La mayoría de la gente tiende a expresarse más a través de su lenguaje corporal que con sus palabras reales. Cuando te resulte difícil descifrar a una persona, lo que tienes que hacer es prestar mucha atención a su lenguaje corporal.

Para que puedas influir en una persona sin esfuerzo, debes entender su composición emocional y psicológica, y no puedes hacerlo sin tener en cuenta su lenguaje corporal.

- Haz uso de tu apariencia en tu mejor interés.

Te guste o no, la naturaleza humana es muy superficial hasta cierto punto, te atraen naturalmente las personas carismáticas. Si eres una persona guapa, puedes sacar lo mejor de ello e influir en los demás. Tienes que ser alegre, positivo y tener un lenguaje corporal accesible y acogedor. Haz que la gente se sienta muy especial y asegúrate de que a menudo te sientes seguro de ti mismo.

Desarrollo de habilidades

Necesitas tener grandes habilidades de comunicación verbal para poder manipular a la gente. Ser capaz de hablar claramente y expresar tus pensamientos con habilidad es muy vital.

Mejorar la comunicación verbal para una mejor manipulación

Empieza a leer todo lo que puedas. Es muy importante tener un vocabulario más amplio y la lectura es la forma adecuada de mejorarlo. Evita los textos simples que incluso un niño de quinto grado puede manejar. Aparte del vocabulario, la lectura ampliará su conocimiento sobre varios temas.

Siempre practique su habla frente a un espejo.

Es importante que veas y observes la forma en que hablas y te sientas cómodo con ella. En ese proceso de observarte a ti mismo, serás capaz de encontrar detalles que no te gustan y los cambiarás. Si no te gustan los detalles, tampoco lo harán los demás.

Trabaja en tu tono y tu voz.

Lo que dices no es sólo algo vital. Cómo lo hagas no es menos importante. Graba tu voz, escúchala y analiza los detalles. Escribe lo que te gusta y lo que no te gusta. Trabajar con tu voz aumentará tu tasa de éxito en la manipulación mental. No hables en voz baja y monótona. Asegúrate de que todo lo que digas sea claro y con confianza. Asegúrate de que te ves bien frente a las personas que quieres influenciar.

Protegiéndose de la manipulación

Todas las emociones, buenas o malas, sirven a un propósito en tu vida – pero siempre ten en cuenta a aquellas personas que quieren usar el poder de las emociones para influenciarte o manipularte. Si te identifican como un empático, esto se aplicará especialmente a ti, ya que este tipo de persona será más vulnerable a captar la energía negativa de otras personas.

Consejos para protegerse de la situación emocional:
No caigas en su trampa. Las personas que tienen el placer de jugar con las emociones de los demás utilizarán cualquier tipo de técnicas como el interrogatorio, la confusión y la culpa, con el fin de ponerte realmente nervioso. Si tienes que tratar con este tipo de personas, ignóralas o sorpréndelas pronunciando algo agradable en lugar de enfrentarte a ellas con una actitud combativa. Los manipuladores prosperan al obtener una elevación de ti, asegurándose de que no les des lo que desean.

Empieza a escribir lo que los manipuladores dicen durante las interacciones.

Ellos tienen un poco de hacerte parecer la mala persona, y torcer sus palabras para que se ajusten a su agenda. Para asegurarte de que puedes mostrarles lo que dijeron en interacciones anteriores, escribe cualquier detalle que creas que puedan alterar convenientemente más tarde para justificar su comportamiento. Los manipuladores pueden tratar de convencerte de que nunca dijeron nada en particular, pero puedes probar que se equivocan con tus notas. Sé inteligente y protégete de la ira del manipulador, y puede que pronto se desanime de usarte como su juguete emocional.

- Confronte su comportamiento.

Los manipuladores a menudo han mandado a otros durante un largo período y nunca han sido confrontados por ello. Siempre defiéndete y hazles saber que te hacen sentir incómodo y que se aprovechan de ti.

Mantente alejado siempre que sea posible. Evitar los instigadores y manipuladores emocionales probablemente eliminará sus posibilidades de ser aprovechado por los manipuladores. Para lograrlo, asegúrate de leer la energía de las personas cuando las conozcas. Cuando no obtengas una vibración apropiada de ellos, simplemente confía en tu instinto, y toma la decisión de mantenerte alejado de ellos.

- Evita el apego emocional.

Particularmente los manipuladores no muestran sus verdaderos colores inmediatamente. Presta mucha atención a la primera señal de que ellos están aplastando tus emociones, aléjate lentamente de la relación, y asegúrate de que les dejas conocer tus límites. Ellos constantemente escudriñan el horizonte en busca de su próximo objetivo, pero será mucho más fácil separarse si no has invertido tanto en la relación para empezar. Si es necesario que interactúes con ellos, asegúrate de mantener una relación cordial y civilizada, pero no dejes que vaya más allá si realmente valoras tu bienestar emocional.

- Medita siempre.

Para asegurarte de que mantienes tu vibración alta, necesitas silenciar tu mente, respirar profundamente, y ponerte en contacto con los reinos superiores para manejarte adecuadamente en la Tierra. Esto te ayudará a tratar con los manipuladores de manera apropiada, esto es porque tendrás paz interior sin importar cuánto caos ocurra a tu alrededor. La meditación te permitirá cultivar la compasión por esta persona y abrir los ojos a lo que ha pasado en la vida. Siempre encuentra la hostilidad con comprensión y amor, y podrías ser testigo de cómo se transforman en una nueva persona.

- Dercirle "tiene la razón".

Como puede ser difícil para el ego, tu alma te dará un aplauso. Los manipuladores se alimentan del drama, así que cuando estés de acuerdo con ellos los dejarás sin palabras y rápidamente apagarás las llamas de sus ilusiones. Por el bien de tu paz mental, simplemente deja que los manipuladores ganen la discusión. Sabiendo en el fondo que su comportamiento y sus acusaciones están equivocados, pero tendrán que lidiar con ese karma más adelante.

- Inspíralos.

Es muy vital ser el cambio, y en este caso, te protegerá porque los manipuladores no emitirán vibraciones negativas contra ti después de que se inspiren en tus propias acciones positivas, acciones no manipuladoras. Debes mencionar las ventajas de la meditación, tomar la responsabilidad de su propia vida, ser voluntario, hacer ejercicio, seguir sus verdaderas pasiones y comer una dieta limpia. Haz uso del conocimiento que tienes sobre cómo convertirte en tu mejor yo para ayudarles a convertirse en su mejor yo también.

- Deje ir los lazos dañinos.

Cuando noten tal comportamiento en su cónyuge, novio o novia, deben dejar esa relación por su propio bienestar. No puedes forzar a alguien a cambiar, no importa cuántas veces hayas mencionado su comportamiento volátil. Mereces una persona que equilibre y alimente tus emociones, no una persona que desee utilizarte para su propia realización personal.

- Tengan una auto platica positiva.

Los manipuladores pueden empañar tu humor, así que asegúrate de restaurarte con afirmaciones positivas y edificantes durante el día. Los manipuladores prosperan al ver que su estado de ánimo se va por el desagüe, así que cuando observen que no le afectan sus comentarios, no tendrán una razón para atormentarle nunca más.

- Desarrollar una mentalidad fuerte.

No dejes que sus arrebatos o insultos entren en tu mente: entretenlos o incluso ríete de ellos sin consentirlo. Si sabes qué tipo de persona eres y tienes un fuerte sentido de autoestima, nada de lo que digan te hará caer.

Capítulo 3: La Tríada Oscura

La mayoría de las personas tienen rasgos que hacen difícil o desagradable tratar con ellos o asociarse con ellos. Este tipo de personas tienden a ser dominantes, arrogantes o volátiles, pero, con una cuidadosa comprensión y manejo, pueden desarrollar las fortalezas para neutralizar los elementos desagradables o negativos de su comportamiento, y restaurar la paz.

Pero hay algunas características y comportamientos que pueden ser tan dañinos y, si una persona exhibe una combinación tóxica de estos rasgos, puede socavar a sus colegas de manera duradera, puede potencialmente destruir o envenenar a un grupo o equipo.

¿Qué es la Tríada Oscura?

La tríada oscura es un término que se refiere a los tres rasgos de personalidad distintos pero relacionados: psicopatía, narcisismo y maquiavelismo.

Antecedentes de la psicopatía

Para aclarar cualquier idea errónea sobre las definiciones de psicópata y sociópata. A principios del siglo XIX, los médicos que trataban con pacientes mentales empezaron a darse cuenta de que algunos de los pacientes que eran aparentemente normales tenían lo que los médicos denominaban locura moral o depravación moral en el sentido de que los pacientes parecían no tener ningún sentido de los derechos o la ética para otras personas. La psicopatía fue usada por primera vez para este tipo de personas alrededor de 1900. La palabra fue alterada para el sociópata en la década de 1930 para enfatizar el daño que causan a la sociedad.

Características de un psicópata y rasgos psicopáticos

Hay varias características y rasgos de los psicópatas. Mientras que los psicópatas son individuos, los psicópatas comparten muchos aspectos de su personalidad. La lista de control de los psicópatas liebre (PCL-R) dibuja veinte características de un psicópata agrupadas en cuatro factores probados.

Características emocionales o afectivas de un psicópata

Las emociones de un psicópata tienen rasgos particulares. Una característica emocional es la insuficiencia de la culpa o el remordimiento. La característica emocional de este psicópata explica por qué los asesinos psicópatas pueden cometer actos atroces, por ejemplo, asesinar y no sentirse mal por los actos atroces. Las características afectivas incluyen:

- **No aceptar la responsabilidad de sus propios actos**
- **Tienen emociones superficiales, es decir, sus emociones pueden ser sentidas pero es una manera fugaz y superficial.**
- **La insensibilidad y la falta de empatía**
- **Rasgos antisociales**

Estos son rasgos que van en contra de las convenciones de la sociedad. Por ejemplo, los problemas de conducta temprana y la delincuencia juvenil son rasgos antisociales que la mayoría de los psicópatas poseen. Otros rasgos antisociales incluyen:

- **Versatilidad criminal**
- **Controles de mala conducta**
- **Revocación de la libertad condicional**

Rasgos del estilo de vida

No sólo se pueden ver sus rasgos en los aspectos interpersonales y las emociones, sino que también se pueden experimentar en el estilo de vida. Un ejemplo de este rasgo es cuando el psicópata usa un estilo de vida parasitario en el que se alimenta de los demás. Esto lo logra utilizando rasgos interpersonales.

Algunos rasgos del estilo de vida incluyen:

- **Irresponsabilidad**
- **Insuficiencia de los deseos realistas a largo plazo**
- **Impulsividad**

Rasgos interpersonales

El rasgo interpersonal más común es la mentira patológica. Mienten constantemente para ocultar sus rasgos psicopáticos y comportamientos antisociales que son ilegales.

Otros rasgos interpersonales incluyen:

- **Ser manipulador y estafador**
- **El encanto superficial y la simplicidad**
- **Grandioso sentido de autoestima**

Narcisismo

Esas personas manifiestan una pauta a largo plazo y omnipresente de un excesivo sentido de la autoimportancia, una completa falta de empatía hacia los demás y una extrema preocupación por sí mismos. Tal persona se siente con derecho al poder, y el prestigio se convirtió en su patrón de pensamiento distorsionado le da un sentido exagerado de superioridad. Los patrones de pensamiento distorsionados y los comportamientos relacionados pueden ser vinculados a la adolescencia

Los que tienen esta personalidad se ven a sí mismos y a sus opiniones e intereses como las únicas cosas que realmente importan. Los narcisistas no tienen capacidad de empatía y no pueden asociar o apreciar sentimientos fuera de sus sentimientos, esto hace que el tratamiento de la personalidad narcisista sea casi imposible.

El exagerado sentido de la auto-importancia y la arrogancia puede parecer confianza en sí mismo, pero la mayoría de las personas con este tipo de personalidad tienen una autoestima extremadamente frágil. Esto explica la insaciable necesidad de expectativas irrazonables y la admiración por el trato favorable de otras personas. Cuando otras personas adulan y admiran a los demás, esto alimenta la autoestima del narcisista.

Las personas con este rasgo de personalidad suelen exagerar los talentos y logros. Cuando sus mentiras son descubiertas, pueden atacar o intentar vengarse difundiendo crueles rumores sobre la gente inferior.

Causas de la personalidad narcisista

Los expertos no tienen una comprensión clara de la causa de este rasgo de personalidad. Los investigadores teorizan que una predisposición genética contribuye al desarrollo de esta personalidad, pero que los genes por sí solos no causan el inicio de la personalidad. La mayoría de las personas creen que la educación en la primera infancia, por ejemplo, la crianza autoritaria y la excesiva insensibilidad de los padres, juegan un papel en el desarrollo de esta personalidad.

Otros factores de riesgo:

- **Ser varón**
- **Observar a los cuidadores manipular a otros para satisfacer sus deseos emocionales y físicos.**
- **Abuso emocional extremo durante la crianza**
- **Experimentar un cuidado parental impredecible**
- **Recibir críticas excesivas por mal comportamiento a lo largo de la infancia**
- **Recibir un profundo abandono o admiración por uno o ambos padres**

Signos de Personalidad Narcisista

- **Estos son comportamientos que se pueden ver en una persona a través de una simple observación:**
- **Escenario del sentido del derecho. Las personas con rasgos de personalidad narcisista pueden tener:**
- **Excesiva sensibilidad al rechazo.**
- **Una atracción por la posición de liderazgo o las profesiones de alto perfil.**
- **Un patrón de rápida alternancia entre la devaluación y la idealización de otras personas.**
- **Una percepción inestable de sí mismo que está entre el odio excesivo a sí mismo y la auto-alabanza.**
- **Un deseo abrumador de ser el centro de atención y admiración.**
- **Una historia de relaciones intensas pero cortas.**

- Una escala en la que califican a otras personas en términos de utilidad.
- Escenario de explotación interpersonal.
- Escenario de grandiosidad.
- Síntomas de personalidad narcisista.
- Aparecen en la adolescencia o después de la edad adulta. Constituyen una gran parte de la inexperiencia de la persona.

Los rasgos incluyen:

- Demostración de comportamientos altivos y arrogantes
- Falta de empatía
- Necesidad de una admiración excesiva
- La envidia de otras personas o la creencia de que otras personas le envidian
- Sentido del derecho
- Grandioso sentido de la autoimportancia.

Maquiavelismo

Se refiere a un rasgo de personalidad que ve a una persona tan concentrada en sus propios intereses que engañará, manipulará y explotará a otras personas para lograr sus deseos.

Implica engaño y manipulación, opinión cínica hacia la naturaleza humana, y una actitud calculadora y fría hacia otras personas.

Una persona con este tipo de rasgo tenderá a tener las siguientes tendencias:

- Falta de calidez en las reuniones sociales.

- Rara vez revelan sus verdaderas intenciones.
- Puede que le cueste identificar sus propios sentimientos.
- Propenso a encuentros sexuales casuales.
- Pueden ser bastante pacientes debido a su naturaleza calculadora.
- No suelen ser conscientes de los resultados de sus acciones.
- Bajos niveles de empatía.
- Engaña y miente cuando es necesario.
- Usualmente usan adulación.
- Por lo general, evita los apegos y compromisos emocionales.
- Tener la capacidad de causar daño a otras personas para lograr su objetivo.
- Cínico de la moralidad y la bondad.
- Se muestra confiado y encantador.
- Se muestra tan difícil de conocer como distante.
- Carente de valores y principios.
- Son buenos analizando los eventos sociales.
- Manipulan y explotan a otras personas para salir adelante.
- Priorizan el poder y el dinero sobre las relaciones.
- Sólo se concentran en sus propios intereses y ambiciones.

Capitulo 4: Engaño

El engaño es una de las formas de control mental. Este tipo de control mental tiene algunas similitudes con la manipulación en el hecho de que los manipuladores aplicarán mucho engaño para conseguir su deseo final.

¿Qué es el engaño?

El engaño, junto con el engaño, la seducción, el subterfugio, el engaño y la mistificación, es un acto aplicado por el manipulador para propagar creencias en la víctima sobre cosas que son falsas o que son una verdad parcial.

El engaño puede implicar muchas cosas diferentes, por ejemplo, disimulo, distracción, camuflaje, mano de obra de prestidigitación y ocultación. El manipulador será capaz de controlar la mente de la víctima porque la víctima va a creer y confiar en ellos. La víctima creerá lo que el manipulador quiera seguir con su víctima.

El engaño siempre surgirá en términos de relación y puede llevar a emociones de traición y desconfianza entre los dos cónyuges que están en la relación. Esto se debe a que el engaño viola las reglas de muchas relaciones y también se considera que tiene un impacto negativo en las expectativas que vienen con esa relación. Muchas personas esperan poder tener una interacción sincera con su pareja: si se enteran de que su pareja es engañosa, tendrán que aprender y comprender cómo utilizar la distracción y el engaño para obtener la información veraz y fiable que necesitan.

Tipos de engaño

Es una forma de comunicación que depende de mentiras y omisiones para convencer a la víctima del mundo de que es la que mejor se ajusta al manipulador. Ya que se incluye la comunicación, también habrá varios tipos de engaños que podrían estar ocurriendo.

Hay cinco tipos de engaño. Algunos de estos tipos de engaño se han manifestado en las otras formas de control mental, manifestando que puede haber alguna superposición.

Estos cinco tipos de engaño incluyen:

Encubrimiento

El encubrimiento es uno de los tipos de engaño más populares. El encubrimiento es cuando el manipulador omite información que es muy clave para el contexto, intencionalmente o el manipulador se involucra en cualquier comportamiento que tienda a ocultar información que es clave para la víctima para ese contexto específico. El manipulador no habrá mentido directamente a la víctima, pero el manipulador se habrá asegurado de que la información clave que se requiere nunca llegue a la víctima.

Mentiras

Esto es cuando el manipulador inventa información que es totalmente diferente de lo que es el hecho. El agente presentará esta información a la víctima como un hecho y la víctima la verá como la verdad. Esto puede ser muy peligroso ya que la víctima no se dará cuenta de que se le está mintiendo o alimentando con información falsa:

si la víctima supiera que la información no es verdadera, es probable que no esté hablando con el manipulador y no se producirá ningún engaño.

Exageración

Exageración es cuando el manipulador estirará la verdad o exagerará un poco un hecho para convertir la historia de la manera que ellos desean. Si bien el manipulador puede no estar mintiendo directamente a la víctima, hará que la situación parezca más grave de lo que es en realidad o puede alterar un poco el hecho para que la víctima realice lo que desea.

Equivocaciones

Una Equivocacion es cuando el manipulador hará una declaración indirecta, ambigua o contradictoria. La equivocacion se hace para que la víctima se confunda y no entienda lo que está pasando. La Equivocacion también puede ayudar al manipulador a salvar las apariencias si la víctima regresa y trata de culpar al manipulador por la información falsa.

Declaraciones incompletas

Esto es exactamente lo opuesto a la herramienta de exageración en que el manipulador va a minimizar o restarle importancia a los aspectos de la verdad. El manipulador le dirá a la víctima que la situación no es tan grave cuando la verdad es que podría ser lo que determine si la víctima se graduará o conseguirá el ascenso. El manipulador podrá regresar más tarde y decir cómo no se dio cuenta de lo importante que era, dejando al manipulador con un buen aspecto y a la víctima con un aspecto casi insignificante si la víctima se queja.

El agente de engaño va a utilizar cualquier técnica que esté a su disposición para conseguir su objetivo deseado, de manera muy parecida a lo que sucede en las otras formas de control mental.

Motivos del engaño

Hay tres motivos principales que están presentes en el engaño que se encuentra en los vínculos estrechos. Estos motivos incluyen:

Motivos centrados en la pareja

En este tipo de motivo, el manipulador va a aplicar el engaño para evitar causar daño a la víctima, o a su pareja. El manipulador también puede aplicar el engaño con el fin de proteger la relación de la víctima con un tercero externo, para evitar que la víctima se preocupe por algo, o para mantener intacta la autoestima de la víctima. Este tipo de motivación se considera socialmente cortés, así como beneficiosa desde el punto de vista de las relaciones.

Motivo auto enfocado

Este motivo no se considera tan noble como el primero y, por lo tanto, es más despreciado que las otras técnicas. En lugar de preocuparse por las víctimas y por cómo se sienten, el manipulador sólo va a pensar en cómo se sienten y en su propia imagen. En este motivo, el manipulador utiliza el engaño para mejorar y proteger la imagen que tienen de sí mismos. Este tipo de engaño se aplica con el fin de proteger al manipulador de la ira, la crítica o la vergüenza.

Cuando este tipo de engaño se aplica en una relación, a menudo se percibe como un asunto más serio y una transgresión que lo que se encuentra con el engaño centrado en la pareja. Esto se debe a que el manipulador elige actuar de manera egoísta en lugar de trabajar para proteger la relación o la pareja

Motivo centrado en la relación

Este engaño es aplicado por el manipulador con la esperanza de limitar cualquier daño que pueda llegar a la relación simplemente evitando el conflicto y el trauma relacional. Dependiendo de la situación, esta forma de engaño a veces ayudará a la relación y en otras ocasiones puede ser la causa de dañar la relación porque va a hacer las cosas muy complicadas. Por ejemplo, cuando decides ocultar lo que sientes sobre la cena porque no quieres entrar en conflicto, esto puede ayudar a la relación. Por el contrario, si has tenido una aventura y decides guardar esta información para ti mismo, sólo va a complicar mucho las cosas.

Independientemente de la intención de engaño en una relación, el engaño no es recomendable en absoluto. El manipulador está ocultando información que podría ser muy clave para la víctima: una vez que la víctima se entere de la situación, empezará a perder la confianza en el agente y se preguntará qué más le está ocultando el manipulador. La víctima no va a estar muy preocupada por la razón del engaño, la víctima sólo se molestará por el hecho de que se le haya ocultado algo y la relación comenzará a tener grietas. Es bueno que se atenga a la política de honestidad en la relación y se rodee de gente que no practique el engaño en su reunión social.

Detección del engaño

Si una víctima está interesada en evitar el engaño en su vida, para evitar los juegos mentales que vienen con el engaño. Siempre es una buena idea aprender primero cómo detectar cuando se está produciendo el engaño. A menudo, es muy difícil para la víctima determinar que el engaño está ocurriendo, a menos que el manipulador cometa un error y diga una mentira que sea descarada u obvia o contradiga algo que la víctima ya sabe que es un hecho.

Si bien puede ser muy difícil para el manipulador engañar a la víctima durante un largo período de tiempo, es algo que normalmente sucederá en la vida cotidiana entre personas que se conocen bien. Detectar cuándo se produce el engaño es siempre muy difícil porque no hay suficientes indicadores totalmente fiables para saber cuándo se produce el engaño.

Aunque el engaño es capaz de suponer una gran carga para el funcionamiento cognitivo de la víctima, ya que ésta va a tener que averiguar cómo recordar todas las declaraciones que ha hecho a la víctima para que la historia siga siendo coherente y creíble. Un solo desliz y la víctima será capaz de decir que algo no está bien. Debido a la tensión de mantener la historia correcta, es probable que el manipulador filtre información para avisar a la víctima ya sea a través de pistas verbales o no verbales.

Se cree que la detección del engaño es un proceso que es cognitivo, complejo y fluido, y que siempre variará dependiendo del mensaje que se esté intercambiando. El engaño es un proceso dinámico e iterativo de influencia entre el manipulador, que trabaja para manipular la información de la manera que él o ella desea para que varíe con respecto a la verdad, y la víctima, que tratará de averiguar si la información es válida o inválida. Las acciones del manipulador van a estar interrelacionadas con las acciones que la víctima realiza después de recibir la información. Durante este intercambio, el manipulador va a revelar la información verbal y no verbal que llevará a la víctima al engaño. En algún momento en particular, la víctima podrá darse cuenta de que el manipulador le ha estado mintiendo.

Cuando se produce el engaño, necesita un comportamiento consciente y deliberado por parte del manipulador, por lo que escuchar las palabras y prestar mucha atención a la expresión corporal que se está produciendo es vital para intentar determinar si alguien le está engañando.

Básicamente, no hay muchos signos que puedan considerarse cuando se intenta averiguar cuándo está ocurriendo el engaño.

Componentes del engaño

Si bien puede ser muy difícil determinar qué factores muestran cuándo se está produciendo un engaño, hay algunos elementos que son típicos del engaño. La víctima siempre no se dará cuenta de que estos elementos han sucedido a menos que el manipulador haya sido sorprendido en el acto de engañar o haya dicho una mentira descarada.

Los componentes del engaño incluyen:

Simulación

La simulación implica mostrar a la víctima información que no es verdadera. Hay técnicas que se aplican cuando se trata de la simulación, como la mímica, la distracción y la fabricación.

La mímica, o la copia de otro modelo, el manipulador estará representando inconscientemente algo que es igual a sí mismo.

El agente puede tener una idea similar a otra persona y en lugar de dar crédito, el agente dirá que todo es suyo.

Este tipo de simulación siempre ocurre a través de medios visuales, auditivos y otros.

Distracción

Es cuando el manipulador intenta que las víctimas concentren su atención en algo distinto de la verdad: a menudo poniendo un cebo u ofreciendo algo que puede ser más tentador que la verdad que se está ocultando. Por ejemplo, si el marido está engañando y piensa que la esposa está empezando a saber, el marido puede traer a casa un bonito vestido para distraer a la esposa del asunto por un corto tiempo. El problema con este método es que no dura mucho tiempo y el manipulador debe encontrar otra manera de engañar a la víctima para mantener el proceso en movimiento.

Fabricación

Esta es otra herramienta que un manipulador puede usar para engañar. El manipulador toma algo que se encuentra en la realidad y lo altera para que varíe. El manipulador puede contar una historia que no ocurrió o añadir adornos que la hagan sonar peor o mejor de lo que era.

Investigación sobre el engaño

El engaño se ha convertido en parte de su vida cotidiana. Ya sea que el manipulador quiera no causar daño o viceversa, hay muchos casos en los que el engaño se arrastrará a una relación de todo tipo. El manipulador puede engañar a su jefe para que tenga más tiempo para completar una tarea particular: un hombre casado engaña a su pareja para no herir sus sentimientos. Debido a esta prevalencia, se han realizado algunas investigaciones para tratar de determinar por qué sucede y quiénes pueden ser más propensos a realizar el engaño.

Estas investigaciones incluyen:

* **Investigación psicológica**

Esta rama es la que más usará el engaño porque es necesario para determinar los resultados que realmente sucederán. El fundamento de este engaño es que los seres humanos son muy sensibles a la forma en que pueden parecerse a los demás, así como a sí mismos, y la autoconciencia que sienten puede distorsionar o interferir con la forma en que la víctima creería en situaciones normales fuera de la investigación en las que no se sentiría escudriñada.

Descubriendo un comportamiento engañoso y mentiras

Cuando el aspecto verbal y el aspecto visual de un mensaje no se alinean, entonces estás condenado. Aquí hay algunos consejos que te mostrarán cuando una persona está diciendo una mentira:

- **Construir una relación. Los buenos policías normalmente obtienen mejores resultados en comparación con los malos policías. Si te muestras empático en una interacción, conseguirás que alguien se abra más que cuando eres acusador y frío.**

- **Sorpréndelos. Una persona engañosa siempre intentará anticiparse a tus preguntas, esto es para asegurar que sus respuestas suenen naturales e instintivas. Una persona engañosa puede incluso practicar el responder a preguntas particulares con anticipación. Intente preguntarle algo que no espera y seguro que se tropezará.**

Aprenda a escuchar más de lo que habla. Los mentirosos tenderán a hablar más en comparación con la gente sincera en un intento de sonar legítimo y ganarse al público objetivo. Los mentirosos usarán una frase más compleja para ocultar los hechos.

Debes tener cuidado con lo siguiente:

El aclarado repetitivo de la garganta y la tos son signos de tensión.

La gente que está tan estresada tiende a hablar más fuerte.

Cuando una persona se quiebra en su tono de voz natural a menudo ocurre en el punto de engaño.

Las personas estresadas suelen hablar más rápido

Esto no es para asumir que una interacción con tu pareja que hace lo anterior te está mintiendo. Pero si usted es testigo del comportamiento anterior, por favor, debe proceder con cautela. Preste atención al cambio de comportamiento. Una sutil alteración en el comportamiento de alguien puede ser un fuerte signo de engaño.

Debe tener cuidado si una persona:

- **Sigue usando respuestas extremadamente exageradas o superlativas, por ejemplo, cuando algunos responden que todo es "brillante" o "impresionante" en lugar de un simple bien.**
- **Responde a las preguntas usando respuestas cortas, negándose a dar detalles.**
- **Empieza a hablar más formalmente, esto es una indicación de que la persona se está estresando.**
- **Exhibe lapsos en su memoria en momentos críticos, a pesar de que la persona está alerta durante una interacción anterior.**
- **Presta mucha atención a la forma en que la persona dice "No". No es una palabra muy vital que debes observar si sospechas que una persona está tratando de mentir o engañarte.**
- **Debes ser consciente de los muchos cumplidos. No me malinterprete, hay personas sinceramente agradables en el universo. Pero también debes tener cuidado con las**

personas que se esfuerzan por causar una buena impresión.

- Consentir todos sus puntos de vista, seguir ofreciendo alabanzas y reírse de todos los chistes que hace son indicios de una persona que carece de sinceridad y autenticidad.
- Pide la historia al revés. Las personas sinceras tenderán a añadir detalles y a recordar más verdades mientras repiten su experiencia. Por el contrario, los mentirosos memorizan su historia e intentan en la medida de lo posible mantenerlas similares. Cuando sospeche que una persona está siendo engañosa, pídale que recuerde los eventos hacia atrás en lugar de hacia adelante en el tiempo.

Cómo superar el engaño

El engaño se le ha ocurrido, una vez u otra. Has puesto tu confianza en alguien que no la merecía y te has dado cuenta más tarde que estabas siendo engañado. Ya sea que el engañador fuera un miembro de la familia, un empleado, un socio, un cónyuge o un amigo, usted se siente traicionado y herido. Apuesto que aún peor, te sientes responsable. "¿Qué me pasa que permití que esto ocurriera? " te preguntas.

Nada, resulta que. Si te ha engañado un mentiroso cualificado o un maestro de la manipulación, todo lo que significa es que eres una persona honesta.

Consejos para superar el engaño:

- **No le des a un mentiroso conocido el beneficio de la duda**

- Aprender y comprender los elementos básicos de la detección de engaños
- Deberías dejar de ser tímido a la hora de comprobar las cosas
- No cambies lo que realmente eres
- Siempre perdónese por haber sido engañado.

Capítulo 5: Lavado de cerebro

Esta técnica de control mental se utilizó por primera vez en la década de 1950 durante la guerra de Corea. El lavado de cerebro se aplicó para explicar cómo los regímenes totalitarios pudieron completar el adoctrinamiento de las tropas americanas a través de un proceso de propaganda y tortura.

El lavado de cerebro es el concepto de que se sustituyen las afiliaciones básicas de una persona, los valores, las ideas y las creencias, hasta el punto de que las víctimas no tienen control autónomo sobre sí mismas y no pueden pensar de forma independiente o crítica.

¿Quién es vulnerable al lavado de cerebro?

En el libro del "Candidato de Manchuria", un político muy destacado es tomado como rehén por el ejército coreano durante la guerra y al senador se le lava el cerebro para que se convierta en un agente especial durmiente del ejército coreano, con la intención de asesinar al contendiente presidencial. Del libro, se puede aprender que incluso a los más inteligentes y poderosos se les puede lavar el cerebro fácilmente, pero en realidad, es muy probable lo contrario.

Esto incluye a la gente que lo ha hecho:

- **sido forzada a vivir en las calles**
- **Perdieron a sus seres queridos por muerte o divorcio**
- **Han sido despedidos o destituidos de su lugar de trabajo...**
- **Sufrió o está sufriendo una enfermedad que no puede aceptar**

¿Cómo se puede lavar el cerebro a una persona?

Una persona que está intentando lavarle el cerebro querrá saber todos los detalles de su vida para poder manipular sus creencias. La persona querrá averiguar cuál es tu debilidad, en quién confías y cuáles son tus fortalezas, quién es vital para ti y a quién escuchas para pedir consejo.

Después de hacerlo, la persona comenzará el proceso de lavado de cerebro que implicará cinco pasos:

Aislamiento

Esta es la primera táctica para el lavado de cerebro porque cuando tienes familia y amigos a tu alrededor es perjudicial para los manipuladores. Lo último que desean es alguien con una idea diferente a la suya, haciendo preguntas sobre lo que se le pide que crea. Esta técnica comienza en la forma de no permitirle el acceso a los amigos o la familia o de comprobar constantemente dónde está alguien y con quién está.

Ataque a la autoestima

Cuando una persona quiere lavarle el cerebro a alguien, los manipuladores sólo pueden hacerlo si su objetivo está en una condición vulnerable y tiene un bajo nivel de confianza en sí mismo. Una persona que está quebrada es muy fácil de reconstruir con las creencias del manipulador.

El manipulador requiere romper la autoestima del objetivo. Esto puede hacerse a través de la intimidación o la vergüenza, el abuso físico o verbal, la privación del sueño. El manipulador comenzará a regular todo en la vida del objetivo, desde el momento en que duerme hasta el uso del baño y de la comida.

Nosotros contra ellos

Para descomponer a una persona y darle una imagen diferente, hay que introducir un medio de vida alternativo que sea más atractivo que el actual.

Obediencia ciega

Este es el objetivo final de un manipulador, en el que el objetivo sigue las órdenes sin cuestionarlas.

Cantar una declaración similar una y otra vez es una buena manera de controlar a una persona. No sólo repetir la misma declaración es un consejo para calmar la mente, sino que los estudios han demostrado que las partes analítica y repetitiva de la mente no son intercambiables. Lo que significa que sólo se puede hacer una u otra, así que qué perfecto es detener esos pensamientos dudosos cantando.

Monopolización de la percepción

El abusador pronuncia cosas que te hacen ser introspectivo, miras más profundamente, para resolver los problemas de tu alma:

- **El abusador mantiene tu atención en ellos.**
- **El manipulador hace que no puedas hacer cosas que están fuera de los límites.**
- **Los abusadores tratan de quitarte cualquier cosa que no puedan controlar.**

Agotamiento inducido

Los lavadores de cerebros tratan de debilitar su capacidad de resistir su control:
Encontrando tácticas para hacerte sentir culpable por no aceptar sus demandas.
Manteniéndote a menudo ocupado cumpliendo sus muy altos estándares de santidad, paternidad y limpieza.

- **Afirman que tu carácter es inferior e insisten en que lo corrijas.**
- **Exige que tus amigos con el cónyuge de su jefe, asistan a eventos sociales que mejoren su carrera profesional.**
- **Añade a tu vida tareas que están más allá y por encima de lo que a menudo se espera en una relación normal.**

Amenazas

El lavador de cerebros amenaza con dejarte. Las amenazas son creíbles para ti. Los abusadores también hacen las amenazas a través del lenguaje corporal.

Degradación

El lavador de cerebros te perjudica más cuando te resistes a sus demandas o cuestionas sus ideas y defiendes tu derecho. En el momento en que tu ira aumenta, el manipulador debe lidiar con tu furia, el castigo es más severo que si acabas de hacer la maldita cosa, para empezar.

El lavador de cerebros tenderá a degradarte con meras palabras, mediante el abuso físico o sexual y te humillará en presencia de sus compañeros de trabajo o amigos en cualquier momento. La humillación derriba tu sentido de autoestima a un nivel inferior.

Demostrar omnipotencia

La mayoría de los lavacabezas te acecharán durante las relaciones, usarán a sus amigos o explotarán la coincidencia afortunada para probar que saben todo lo que haces incluso cuando no están presentes.

Probando

Los lavadores de cerebros nunca pueden pensar en su trabajo como algo logrado, ya que a menudo hay situaciones en las que el objetivo podría empezar a recuperar el control de su propia autonomía y empezar a pensar críticamente por sí mismo otra vez. La prueba de sus objetivos no sólo muestra que aún están lavados de cerebro, sino que permite al lavador de cerebros ver cuánto control aún tiene sobre sus objetivos. La prueba podría implicar la realización de un acto criminal, por ejemplo, el robo de una casa o el asalto a una tienda.

¿Cómo sanar del lavado de cerebro?

¿Puedes curarte y superar el lavado de cerebro? Sí. Mientras sepa que ha experimentado el lavado de cerebro, podrá curarse y recuperarse del abuso doméstico y recuperar el control total de su mente.

Primero, debes aprender cómo tu manipulador usó las técnicas de lavado de cerebro para ponerte bajo su control. En segundo lugar, aprende más sobre el autocontrol para deshacer el lavado de cerebro.

Pasos que puedes seguir:

- Terminar el aislamiento. El método rápido para superar cualquier miedo que sientas es abrirte sobre el tema. Sería muy prudente que empezaras a hablar de tu manipulación con un terapeuta. Sé que no todo el mundo está siempre preparado para esto, pero puedes empezar hablando del tiempo o del partido de anoche, esto te ayudará a ganar algo de confianza primero. Aislarse no termina completamente el lavado de cerebro por **sí mismo. Tienes que estar rodeado de personas que sepan de tu abuso y que puedan servir como voces de la razón en tu mundo surrealista y de lavado de cerebro.**

- **Aprende más sobre los distintos tipos de abuso. El conocimiento es poder, puedes usarlo para rechazar los intentos de tu manipulador de humillarte y degradarte. Es menos probable que te sientas peor por las acciones y palabras de tu manipulador cuando sepas que tu abusador te hace daño para mantener el control sobre ti.**

- **Comprenda y aprenda lo más posible sobre el abuso y la violencia doméstica. Pronto aprenderá a identificar los tipos de abuso verbal que su pareja aplica contra usted en el momento en que ocurren. Aprender a identificar los tipos de abuso verbal le dará la habilidad de separarse de los comportamientos y palabras dañinas porque sabrá específicamente cuando su manipulador intenta hacerle daño. Aprende qué tipo de abuso existe y cómo se ven y suenan, y presta mucha atención a cómo te hace sentir el abuso.**

- **Una pregunta común que te habrás hecho es "¿Por qué me maltrata?" No dedique mucho tiempo a investigar la respuesta a esta pregunta. La empatía natural puede convencerte de que tu lavador de cerebros necesita simpatía y que te pueden gustar en la salud mental. Recuerde siempre que el abuso y el lavado de cerebro alteran la definición de amor. En este momento no puedes** confiar en el "amor" porque el lavado de cerebro distorsionó tu percepción del amor, especialmente cuando se trata de tu pareja abusiva.

- Acepta las ansiedades y pensamientos dolorosos. Pasarás por sentimientos desagradables a medida que te recuperes del lavado de cerebro, debes desprogramar tu mente y dejar el mundo de tu manipulador.
- A medida que aceptes que el manipulador tiene la intención de hacerte daño y su cara bonita es su máscara, definitivamente experimentarás miedo. Una de las emociones más irracionales y racionales es el miedo.

Alivio del estrés, de la ansiedad y el miedo

Uno de los alivios de estrés apropiados para las víctimas de la manipulación es que salgan del manipulador. Tendrán más paz de la que puedan imaginar sin que ese idiota les respire en la nuca.

La mayoría de la gente no está lista para irse, tal vez han decidido quedarse allí para siempre. Otras formas de lidiar con la ansiedad y el estrés incluyen:

- Escuchar buena música.
- Hipnosis para víctimas de abuso.
- Técnicas de respiración profunda.
- Nutrición adecuada.
- Técnicas de meditación.
- Mejor atención médica.
- Tener tiempo libre para pasear.

Capítulo 6: Métodos comunes de manipulación encubierta

Bombardeo de amor

Es un proceso de acicalamiento en el que un manipulador aplica elogios, halagos y la promesa de una alianza suprema para cumplir sus deseos. Por medio del bombardeo de amor a sus súbditos, los manipuladores pueden persuadir a sus súbditos para que cumplan sus deseos y peticiones. No es sólo una táctica aplicada por manipuladores encubiertos para explotar a sus súbditos, sino que también se aplica en los cultos para asegurarse la lealtad a los líderes de los mismos. De hecho, hay mucha superposición entre el comportamiento del culto y la serie de abusos de un manipulador y su sujeto.

Mientras que cualquier persona puede ser el sujeto de un bombardeo de amor, tiene un impacto particularmente poderoso en los hijos de padres o tutores narcisistas, porque ya han sido programados subconscientemente para buscar la aprobación, involucrarse en hábitos que agraden a la gente, y buscar la aprobación externa como una forma de sobrevivir a su infancia psicológicamente turbulenta.

El bombardeo de amor es un intento de aplicar el afecto y la atención para influir en otra persona. La palabra se originó en la Iglesia de la Unificación de los Estados Unidos, una organización religiosa con raíces en Corea del Sur, que aplicó el bombardeo de amor para transmitir el amor sincero y el interés mostrado a otras personas.

Según muchos psiquiatras, la bomba de amor se aplica como un arma, una especie de manipulación psicológica que se aplica para mantener el control y el poder en una relación. Los líderes de pandillas y proxenetas aplican la bomba de amor para fomentar la obediencia y la lealtad. Los líderes de los cultos han practicado la bomba de amor para coaccionar a sus seguidores a cometer suicidios en masa. Y muchas personas aplican el bombardeo amoroso para abusar de las parejas románticas. Funciona porque los seres humanos tienen una necesidad natural de sentirse bien con quien son, y generalmente no pueden llenar esta necesidad por su cuenta.

A veces la razón es circunstancial, provocada por un acontecimiento, como la pérdida del trabajo o el divorcio. A veces es más constante y se remonta a tu infancia. Cualquiera que sea la fuente, los bombarderos amorosos son expertos en detectar la baja autoestima y explotarla.

¿Cómo identificar los bombardeos amorosos?

Puede ser difícil diferenciar entre un individuo que es naturalmente afectuoso y amable, y un individuo que aplica tales despliegues para manipular.

¿Cómo sabes si el bombardeo amoroso te está ocurriendo?

Es esencial recordar que crear confianza en una relación sana lleva tiempo. Los bombarderos de amor quieren apresurar el proceso, para poder llegar a aprovecharse de sujetos desprevenidos.

A diferencia de una relación sana, en la que las muestras de afecto continúan indefinidamente y las acciones coinciden con las palabras, el bombardeo amoroso suele implicar un cambio abrupto en el tipo de atención, de cariñosa y afectuosa a controladora y enfadada, con la pareja que la persigue haciendo demandas irrazonables.

Una buena prueba de fuego para identificar a un potencial bombardero amoroso:

Piense en su mejor aliado, cuánto tienen en común y con qué frecuencia están en desacuerdo o de acuerdo. Ahora considera cuánto tiempo tomó construir esa relación. Es probable que alguien que acabas de conocer te conozca tan bien como tu mejor aliado... Si te encuentras diciendo, "¡Sí, lo hacen!" las campanasde advertencia deberían estar sonando.

Para protegerte de caer en la trampa de la bomba de amor, deberías estar atento a aquellos que:

Son rápidos para mostrar afecto y calidez, pero luego pierden los estribos o encuentran otras formas de castigarte cuando no se salen con la suya.

Busca constantemente acariciar tu ego

Llevar una relación a límites para los que no estás preparado.

¿Cómo puedes prevenirte si sospechas de un bombardero amado en medio de ti?

En las primeras etapas de cualquier relación, no tema ir más despacio cuando sienta que las cosas se mueven muy rápido. Limitar su contacto personal y establecer límites evitará que caiga bajo el hechizo del sujeto y le ayudará a ver su relación desde una perspectiva más realista.

Si teme que ya está en una relación poco saludable, intente hablar de ello con amigos o familiares de confianza o busque ayuda profesional.

Abuso Psicologico (Gaslighting)

Para la luz de gas, una persona debe hacerles dudar de algo de sí mismos que sea real. Aunque de forma encubierta, tienden a hacer preguntas que harían pensar dos veces incluso en las cosas que a menudo se han considerado sacrosantas. Para combatir esta técnica emocional, necesitas documentar tus experiencias y acontecimientos de la vida y deberías referirte a ellos a menudo. Esto te ayudará a no dudar ni siquiera de una sola de tus experiencias.

Negación

Es muy difícil separar la negación, la mentira y la distorsión de los hechos de la manipulación emocional. Aunque un manipulador no suele oponerse a los hechos, su supuesta aceptación de los mismos es para servir a su propósito de manipularte más tarde. Consentirán un hecho sólo para negarlo más tarde. Los manipuladores de proyección utilizan esta táctica para trasladar sus defectos o deficiencias a otra persona. En lugar de asumir la responsabilidad de sus errores, prefieren echar la culpa a otra persona. It is an abusive technique that seeks to take the burden of guilt from them to another person. Their main purpose is to paint themselves clean while the other person looks unfortunate and dirty.

Capítulo 7: Persuasión oscura

La persuasión es una forma de control mental, funciona para alterar las creencias y pensamientos de la víctima como las otras formas de control mental. La gente suele usar la persuasión a su favor sin que se den cuenta. La persuasión cambia la forma en que la víctima está pensando. Se puede encontrar en su vida diaria y es una fuerza muy poderosa así como una gran influencia en la víctima y la sociedad. En comparación con las otras formas de control mental, la persuasión puede realizarse en una sola víctima para que cambie de opinión, también es posible aplicar la persuasión a mayor escala para persuadir a todo un grupo o sociedad para que cambie su forma de pensar. La hipnosis y el lavado de cerebro requerirán que la víctima esté aislada para cambiar su identidad y su mente. La persuasión es más eficaz y tal vez peligrosa porque tiene la capacidad de cambiar la mente de muchas personas a la vez, en lugar de la mente de un solo objetivo. La mayoría de las personas tienen la falsa impresión de que son inmunes a los efectos de la persuasión. El acto de persuasión va a ser muy sutil y puede ser muy difícil para la víctima formarse sus propias opiniones sobre lo que se le dice.

Elementos de persuasión

Estos elementos ayudan a definir exactamente qué es la persuasión para que sea más reconocida. Una cosa que hace que la persuasión sea diferente de las otras formas de control mental es que a menudo se permite a la víctima tomar sus propias decisiones libres en la materia, incluso si las técnicas de persuasión van a funcionar para desplazar la mente del sujeto en una dirección específica. Estos elementos incluyen:

Implica que el agente intente deliberadamente manipular a la víctima o al grupo es simbólico, utiliza palabras, sonidos e imágenes para conseguir el punto a través de la auto-persuasión es un aspecto vital de este proceso. A menudo la víctima no es coaccionada y en su lugar se le da la libertad de elegir su propia decisión. Para poder persuadir a una persona de que piense o actúe de una manera particular, es necesario poder mostrarle por qué debe alterar sus pensamientos. Para lograr esto, se incluye el uso de imágenes, palabras y sonidos para transmitir su nuevo punto de vista. Puedes usar palabras para desencadenar un argumento que muestre tu nuevo punto. Las imágenes pueden ser una gran manera de mostrar la evidencia que se necesita para persuadir a una persona a ir en una dirección o en otra. Aplicarás la persuasión de forma deliberada para manipular las formas en que otras personas piensan o actúan. El persuasor aplicará diferentes tácticas para que la víctima piense de la misma manera que ellos. ¿Cuál es la diferencia entre la persuasión y la persuasión oscura? La diferencia entre la persuasión y la persuasión oscura está en la intención. Un persuasor puede intentar convencer a una persona de que haga algo sin pensar en una motivación o técnica particular o sin comprender realmente el objetivo que está intentando persuadir. Un persuasor oscuro a menudo entiende el panorama general. El persuasor entiende a quién está tratando de persuadir, qué lo motiva y hasta dónde necesita llevar la técnica para tener éxito. Un persuasor oscuro es típicamente despreocupado con la moralidad de su manipulación. Él/ella ve el hacer lo correcto como una ventaja, pero no tiene que ser su mayor motivación. En el diagrama de Venn de autogratificación y moralidad, las acciones del persuasor oscuro no suelen caer en la sección de superposición. Un persuasor oscuro verá a la persona o cosa que quiere e ideará una manera de conseguirlo por todos los medios.

Las técnicas utilizadas en la persuasión oscura

La larga estafa

La táctica de confianza comienza con la psicología humana básica

Desde la perspectiva del manipulador, se trata de reconocer al objetivo; quién es, qué desea y cómo se puede jugar con esa necesidad para lograr lo que se quiere. Necesita la construcción de la compenetración y la empatía; una base emocional debe ser construida antes de que cualquier plan entre en prospecto. Sólo el esquema se mueve hacia la persuasión y la lógica; el esquema, la evidencia, y la forma en que funcionará a tu favor.

En el momento en que las cosas empiezan a parecer peligrosas, se tiende a invertir mucho, normalmente física y emocionalmente, en que uno mismo realice la mayor parte de la persuasión. Incluso puedes elegir aumentar tu compromiso, incluso cuando las cosas se ponen feas, de modo que cuando estás completamente desplumado, no sabes qué te golpeó.

El manipulador puede incluso no requerir persuadirte para que permanezcas en silencio; es más probable que tú mismo te quedes callado. Eres el perfecto engañador de tu mente. En cada nivel de la táctica, los manipuladores obtienen de una interminable caja de herramientas de técnicas para manipular su creencia. Incluso cuando te comprometes mucho, con cada etapa le das al manipulador más material psicológico con el que operar.

Cuando se trata de un manipulador, todos son un objetivo potencial. A pesar de su rocío, la certeza de su inmunidad cae en ella. El manipulador puede persuadir incluso a los más exigentes conocedores con su encanto manipulador.

La táctica de un pie en el atrillo.

Esta táctica se aplica sobre todo en las instancias de venta para convencer a los clientes de que compren un producto y, en algunos casos, como fórmula para lograr el cumplimiento.

Es una técnica de cumplimiento que se aplica para convencer a alguien de que acepte una oferta. Alguien que aplique esta táctica presentará una solicitud muy atractiva al principio. La petición será muy atractiva para que la otra persona acepte la oferta. Luego, antes de finalizar el trato, la persona cambiará el trato.

La oferta resultante será menos atractiva que la solicitud inicial. Al comprometerse con el trato, la otra parte se sentirá normalmente obligada a extender su cumplimiento a la oferta resultante.

Tácticas implicadas en el cumplimiento:

- **La táctica de la puerta en la cara como técnica de cumplimiento**
- **Táctica de integración**
- **El pie en la puerta como una táctica persuasiva**
- **La estrategia se suele aliar como un método de venta. Los vendedores venden un artículo a un precio más bajo, que su consumidor consiente, entonces el vendedor aumenta el precio del mismo artículo antes de terminar la venta. Habiendo ya consentido la venta el cliente consiente de mala gana el precio más alto.**
- **El "low balling" es una estrategia de oferta secuencial. Los usuarios de la oferta secuencial hacen dos o más ofertas similares. Sin embargo, los usuarios alteran los términos de cada oferta, esperando que su objetivo consienta en la pregunta resultante.**

Requisitos

Para que esta estrategia sea muy efectiva, la solicitud inicial debe ser muy atractiva para que alguien la consienta. El individuo debe dar su consentimiento a la solicitud y comprometerse con ella.

¿Por qué funciona?

Al igual que las otras técnicas de cumplimiento de la oferta secuencial, la bola baja depende del sentido de compromiso que genere la otra solicitud menor. Incluso cuando los términos de la oferta cambian, el objetivo sigue sintiéndose obligado a ser coherente en su carácter. El objetivo siente que debe consentir la oferta resultante para cumplir con su otra parte del trato.

Esta estrategia también depende de su impulso de autopresentación favorable. Los seres humanos a menudo quieren ser vistos de manera positiva por sus compañeros. La gente busca preservar o ganar una perspectiva positiva de sí mismos. Si los términos de una oferta son alterados, usted es muy reacio a ser visto como voluble evitando comprometerse con el acuerdo y aceptar los nuevos términos como una táctica para mantener su reputación positiva.

La Ley de Transferencia del Estado de Animo

La capacidad natural de transferir un fuerte estado emocional de una persona a otra.

Explica cómo las emociones son contagiosas.

¿Cómo pueden las emociones jugar un papel en la persuasión?

El neurólogo Damasio Antonio realizó un estudio que muestra el efecto de las emociones en el proceso de toma de decisiones. Estudió a personas con daño cerebral que les impedía experimentar sentimientos.

En el estudio todos actuaron de una manera natural, excepto por una cuestión, no fueron capaces de tomar decisiones simples. Las víctimas podían explicar lo que debían hacer, lógicamente hablando. Sin embargo, todos tenían problemas para tomar incluso la decisión más simple.

Dentro del cerebro, hay dos sistemas vitales. El sistema uno es inconsciente, automático, rápido y de bajo esfuerzo. El sistema dos es consciente, de alto esfuerzo, lento y controlado.

El sistema uno es su procesador emocional mientras que el dos es su procesador racional lógico.

Los elementos de la persuasión emocional

Experimentarás una gran variedad de sentimientos en tu vida. Todo, hasta cierto punto, afectará a tu proceso de toma de decisiones.

Hay algunos sentimientos principales que todos tienen un efecto significativo. Son sentimientos con los que uno está muy familiarizado. Si puedes apelar a estos cuatro sentimientos puedes influenciar y persuadir a otras personas para que decidan.

Entre ellos se incluyen:

Ansiedad – Esta es una sensación desagradable caracterizada por un estado desagradable de confusión interna, normalmente asociada con comportamientos ansiosos.

Cómo influye en la toma de decisiones;

- ➢ No podrás interpretar eficazmente el contexto y las señales del entorno.
- ➢ Tendrá menos confianza en su proceso de toma de decisiones
- ➢ Serás menos ético y más egoísta

- • **Ira – La ira o el enojo es una reacción emocional extrema. Es una emoción natural que consiste en una reacción emocional firme e incómoda ante una provocación percibida. Por lo general, se muestra cuando se viola el límite básico de una persona.**

- ➢ **Cómo influye en la toma de decisiones;**
- ➢ **Se sentirá con poder**
- ➢ **Te sentirás más positiva y en control**
- ➢ **Serás capaz de identificar un mejor juicio**

- • **Tristeza – Es un dolor emocional relacionado o caracterizado por emociones de desventaja, pena, impotencia, pérdida y desesperación.**

- ➢ **Cómo la tristeza influye en la toma de decisiones**
- ➢ **Te infravalorarás a ti mismo y a tus posesiones.**
- ➢ **Tomarás decisiones basadas en ganancias a corto plazo.**
- ➢ **Tomarás decisiones más lentamente.**

- • **Admiracion - Es un sentimiento comparable a la maravilla pero un poco alegre. Se dirige a objetos que no son más poderosos que la víctima.**

- ➤ Cómo impacta en la toma de decisiones
- ➤ Serás más dadivoso. Aquellos que experimentan asombro son más dadores de su tiempo y están dispuestos a ayudar a otras personas.
- ➤ Estarás presente. Cuando experimentes una sensación de asombro, serás llevado al presente. Tu sentido del tiempo se disuelve y te concentras más de lo normal en lo que está ocurriendo ahora mismo, en ese momento exacto.
- ➤ Te sentirás más satisfecho. Te sentirás más satisfecho con tus logros y tu estatus en la vida. De hecho, te sentirás más satisfecho y realizado.

Capítulo 8: Los contras comunes y la oscura psicología detrás de ellos

Vergüenza

La humillación, la culpa, la vergüenza y el bochorno sugieren la presencia de sistemas de valores, mientras que la culpa y la vergüenza son principalmente resultado de la autoevaluación, la humillación y el bochorno son principalmente resultados de la evaluación por una o más personas, incluso en la imaginación o el pensamiento.

Un aspecto esencial en el que la humillación difiere de la vergüenza es que, si bien uno se avergüenza a sí mismo, la humillación es un aspecto que le aportan otras personas.

Otro aspecto divergente entre la vergüenza y la humillación es que la humillación es más profunda. Es traumática y generalmente silenciada, mientras que la vergüenza, si se le da suficiente tiempo, puede sublimarse en una anécdota humorística.

Más fundamentalmente, la humillación consiste en el menosprecio de la dignidad y el orgullo, con su pérdida de posición y estatus.

Cuando sólo se está avergonzado, no se socavan las reivindicaciones de estatus, o si se socavan, pueden ser fácilmente restauradas. Pero si se le humilla, sus reivindicaciones de estatus no se restauran fácilmente, porque, en este caso, se ha cuestionado su propia autoridad en su principal reivindicación de estatus.

Aquellos que están en proceso de ser humillados a menudo se quedan sin palabras y sin voz, y además, se quedan atónitos. Cuando se critica a las personas, en particular a las de baja autoestima, hay que asegurarse de no atacar su propia autoridad para reclamar el estatus.

La humillación es un fracaso público de la reclamación de estatus de una persona. El fracaso privado de la persona no es una humillación sino una auto-realización demasiado dolorosa. Las escenas potencialmente humillantes deben mantenerse muy privadas.

La humillación es estigmatizante. Las personas humilladas tienen la marca de sus episodios de humillación, y son recordadas y pensadas por su humillación.

La vergüenza se asume como uno de los dos sentimientos de autoconciencia, muy a gusto en compañía del orgullo, la culpa y la vergüenza. Dado que la vergüenza se produce en asociación con otros, es un sentimiento público que hace que uno se sienta lleno de arrepentimiento, incómodo y expuesto por cualquiera que sean sus malas acciones. Las evaluaciones negativas potenciales relacionadas con las normas sobre conductas, pensamientos y emociones que controlan su comportamiento son el centro de los sentimientos de autoconciencia y la vergüenza.

El sentimiento de vergüenza te alerta sobre tu fracaso para actuar de acuerdo con normas sociales específicas, lo cual desafía las creencias fundamentales que tienes sobre cómo te juzgan los demás y cómo te evalúas a ti mismo.

La vergüenza a menudo es el resultado de conductas accidentales que lo hacen sentir negativo sobre sí mismo, incluso si no tiene la intención de violar una norma social determinada.

Probablemente no tardaría mucho en recordar un hecho vergonzoso único, ya que la vergüenza se experimenta a menudo y, lamentablemente, se recuerda muy bien.

Las señales humanas comunes de vergüenza incluyen:

- Tocarse la cara
- Los movimientos de la cabeza que se alejan
- Mirada hacia abajo
- Controles de sonrisa

Es muy curioso por qué la gente tiene una sonrisa peculiar con la llanura y se toca los ojos y las comisuras de los labios se muestran cuando están avergonzados, pero es una expresión facial relacionada con la vergüenza.

La vergüenza está relacionada con el rubor, sin embargo, no una persona se ruboriza al ser avergonzada. Sucede cuando un catalizador emocional hace que las glándulas liberen adrenalina en el sistema, lo que hace que los capilares se ensanchen.

Es muy interesante que en determinados eventos y circunstancias sociales, los hábitos que normalmente se considerarían embarazosos se tomen como humorísticos y divertidos.

A menudo se piensa que una situación que causa humillación es la que usted temería tener como testigo, por lo que parece paradójico que usted pueda sentirse avergonzado en algunas circunstancias positivas. Por ejemplo, si su jefe reconoce su excelente desempeño y le ofrece una gran recompensa en público, puede sentirse avergonzado en lugar de orgulloso.

¿De qué sirve si te hace sentir incómodo?

Es probable que la vergüenza se haya desarrollado para mantener el orden social porque la gente se siente avergonzada al expresar que acepta y admite su mal comportamiento y que le va mejor.

Se ha estudiado que quienes se sienten avergonzados por sus errores sociales son más propensos a que se confíe en ellos, se les perdone y se les guste más que las personas que no lo hacen y, como resultado, su vergüenza les salva la cara.

La vergüenza se asemeja al sentimiento de vergüenza. Muchos elementos de humillación son vergüenzas menos intensas asociadas a una autoevaluación negativa. Aunque la vergüenza y el bochorno posiblemente estén relacionados en algún grado, los comportamientos relacionados con ellos implican posturas y expresiones faciales distintas que los diferencian como emociones.

¿Cómo manejar la vergüenza?

Da un paso atrás de tu humillación y considera cómo puede afectar la forma en que te comportas, cómo eres socialmente activo y tu actitud general para aliviar la condición en tu mente una y otra vez. Es probable que no sea un impacto positivo. Aferrarse a tus transgresiones vergonzosas puede disminuir tu nivel de autoestima y la forma en que piensas de ti mismo. No son tus transgresiones, pero, en cambio, tu error puede ayudarte a crecer y aprender.

Vestirse para el éxito

Cuando se trata de juzgar a otras personas, se percibe una amplia variedad de rasgos personales a través de su preferencia de ropa. Sacas conclusiones sobre los valores, la competencia profesional y los puntos de vista basados al menos en lo que llevas puesto. Vestirse para el éxito exuda credibilidad e infunde confianza.

Los hombres vestidos para el juego de poder...

Los estudios muestran que las personas perfectamente vestidas tienen tanto éxito en las negociaciones. Las personas con traje de negocios logran más de la percepción de dominio. En un estudio particular, se encontró que los hombres en trajes de negocios mostraban dominio, medido por el éxito de las negociaciones.

Se sugirió que una profecía autocumplida relacionada con la forma en que el uso de vestimenta simbólica de un estatus superior puede maximizar la confianza en sí mismo.

Dramatizaciones – Somos lo que nos ponemos

La realidad es que lo que llevas puesto impacta en la forma en que actúas y sientes. En un estudio conocido como cognición sin ropa encontró que los participantes que usaban túnicas y las asociaban con los uniformes de enfermería, se sentían más empáticos y demostraban un mayor comportamiento de ayuda que aquellos que simplemente usaban el uniforme.

Nada como las mujeres profesionales vestidas de forma provocativa

Además de demostrar poder y estatus, el atuendo también influye en la percepción de la competencia. Confiando en su posición, las damas pueden perder la percepción de competencia al ponerse un atuendo provocativo en el trabajo.

La idoneidad puede estar en el ojo del observador

Diversos observadores tienen expectativas diferentes en cuanto a la vestimenta profesional y, por lo tanto, tienen opiniones diferentes sobre la ropa apropiada. El profesionalismo se muestra de manera significativa a través del aseo y la vestimenta de los negocios.

La ropa casual de negocios se prefiere a la ropa casual, aunque existe una preferencia por la ropa de negocios. La ropa oscura se prefiere ligeramente a la ropa más clara.

El estilo influye en el éxito

Cuando te vistes intencionalmente para el éxito, ganas confianza por la forma en que te manejan otras personas, así como por la forma en que te percibes a ti mismo. La estrategia de la ropa profesional parece ser una forma sabia independientemente de su campo, y el logro inducido por la ropa puede ser una profecía autocumplida.

Mostrar confianza

Los beneficios de proyectar la confiabilidad son significativos, también los costos de no hacerlo son enormes.

Los empleados están muy dispuestos a compartir alguna información con sus compañeros de trabajo si confían en ellos. La mayoría de las personas son menos territoriales si consideran a sus colegas como aliados. Las empresas con menores tasas de rotación son aquellas con líderes que inspiran confianza en sus empleados.

Para saber si eres digno de confianza o no, alguien analizaría tus actos y palabras para saber si tienes buenas intenciones hacia él/ella si tienes lo necesario para actuar según esas intenciones.

La percepción de alguien de que eres digno de confianza, entonces, engaña en tu capacidad de mostrar competencia y calidez.

Hay consejos que puedes transmitir fácilmente la competencia y la calidez a otras personas:

Presentar su mejor persona

Podrías ir directamente a decirle a una persona, "No quiero hacerte daño", pero debido al factor de rareza de decir tales palabras, sería mejor que señalaras tu calidez y competencia más directamente. El primer paso para hacer esto es indicar que estás prestando mucha atención.

Para lograrlo, se recomienda sonreír, mantener el contacto visual y asentir con la cabeza para mostrar que realmente se está concentrando.

Mantener el contacto visual indica que realmente estás escuchando.

Mostrando empatía

Ponerse en la posición de su perceptor e intentar asociarse averiguando una experiencia, un interés y un disgusto común.

Una técnica efectiva pero usualmente pasada por alto es decir "Lo siento", no lo dices como una manera de aceptar la culpa sino para mostrar tu pesar de que algo malo le ha ocurrido a tu perceptor.

Confiar en los demás, es confiar en si mismo

Los humanos normalmente se inclinan a pagar por adelantado, y la reciprocidad se mantiene cuando se trata de la confianza.

Es más probable que confíes en una persona que ha confiado en ti primero, una persona que es abiertamente cooperativa en lugar de competitiva y que pone el deseo de los demás por encima del suyo.

Demostrando una gran fuerza de voluntad

¿Depositaría su confianza en un colega que tiene un serio problema de autocontrol con una tarea esencial? Probablemente no, si se involucra públicamente en comportamientos que indican poca fuerza de voluntad, su confiabilidad decaerá.

Mientras que el comportamiento personal de una persona permanecería principalmente personal, sugieren a los forasteros si la persona puede adherirse o no a los estándares establecidos de cualquier relación saludable, que podría involucrar a aquellos en su sitio de trabajo.

Para mostrar efectivamente la competencia a tus compañeros de trabajo, o dejas tus hábitos negativos o al menos los guardas para ti.

Evita ser engreído

Cualquier cosa que hagas, no confundas la confianza con la competencia, mientras que no puedes tener demasiada competencia, hay una dosis no saludable y saludable de confianza para saber.

El daño del exceso de confianza incluye el dejar de lado mucho de lo que se puede masticar, estar mal preparado y principalmente tomar malas decisiones.

En su lugar, debes mostrar un sentimiento realista de confianza que indique modestia. Será menos probable que amenace la autoestima de sus compañeros de trabajo, y sus transgresiones no provocarán tantos vítores de sus compañeros de cubo.

Aplicar el Lenguaje Corporal a su beneficio

Un método más fácil para parecer más competente es hacer contacto visual mientras se habla. Las personas que hacen contacto visual mientras hablan son constantemente juzgadas como muy inteligentes.

Sentarse derecho, asentir con la cabeza, hacer gestos y hablar más rápido se ha encontrado que causa una significativa competencia de percepción.

Estar de pie con los brazos en las caderas es una de las poses de mayor poder.

Al sentarse y pararse de una manera costosa, no sólo está indicando confianza a otras personas, sino también estimulando alteraciones inmediatas en la química de su cuerpo que lo hacen muy poderoso que va de la mano con la competencia.

Juega con tu codicia

La codicia es parte de los rasgos de la personalidad oscura o los defectos de carácter. Toda persona tiene el potencial de tener tendencias codiciosas pero en aquellos con privaciones o un fuerte miedo a la carencia. Puede ser un rasgo dominante.

Es la tendencia al acaparamiento, el deseo y la codicia egoístas.
Un impulso egoísta de más de lo que se merece o requiere, particularmente de riqueza, comida, dinero y otras posesiones.

Componentes de la codicia:

- **Una táctica de inadaptación para protegerse a sí mismo**
- **La idea errónea sobre la naturaleza del yo, de los demás o de la vida**
- **Experiencias negativas tempranas**
- **Una constante sensación de inseguridad y miedo.**
- **La codicia en acción**

- **Necesidad imperiosa**

Es un deseo imperioso de consumir, poseer o adquirir más de lo que es realmente justificable o necesario. Sentiría esto subjetivamente como un deseo de consumo, anhelo o hambre por una cosa en particular. Esto puede ser estimulado por ver repentinamente lo que se desea, o una oportunidad de ir tras ello. Subyacente al impulso, sin embargo, está la terrible inseguridad, una depreciación primitiva o el miedo a la falta, aunque es probable que sea más inconsciente que consciente.

Compromiso arriesgado

Si el impulso se experimenta con firmeza, uno se ve obligado a comprometerse a una cantidad significativa de energía y tiempo para adquirir y buscar. El único curso de acción perfecto es intentar y satisfacer el impulso porque promete darte ese sentimiento de inseguridad que hace tiempo que no tienes.

Otras personas podrían cuestionar su determinación y compromiso únicos, dado que parece que está dispuesto a arriesgarse por esta peculiar obsesión personal.

Breve gratificación

A veces puedes lograr el éxito en tener lo que deseas. Y en esos momentos en que lo esquivo de tu impulso está realmente en tus manos, y tu experiencia realmente intoxica las emociones de alivio y triunfo.

Sin embargo, ese momento gratificante es demasiado corto, que sientes que la victoria es simplemente suficiente. De hecho, para usted, no hay nada como suficiente.

A pesar de todos tus esfuerzos y todo el éxito, un sentimiento permanente de satisfacción o seguridad nunca se alcanza. El impulso abrumador es literalmente insaciable siempre y cuando la emoción subyacente de miedo nunca sea tratada.

Duras realidades

A partir de entonces puede que sienta frustración por la transitoriedad de este placer, especialmente dada la inversión de energía y tiempo.

Puede que se enfrente a la culpa y la vergüenza por los impactos destructivos de sus acciones sobre su seguridad financiera, su relación y su reputación.

Puede que experimente una ansiedad abrumadora sobre el futuro no especificado.

Todo esto tiene el impacto de desencadenar inseguridad y miedo, y un deseo imperioso de llenar ese vacío, por lo que el ciclo comienza de nuevo.

Puedes enfrentarte a todo esto al mismo tiempo, o tenerlo en primer plano en diferentes períodos. Aún así, es bastante cómodo para una serie de adicciones, ya que el impulso se hace muy difícil de satisfacer, por lo que el punto temático de un arreglo o una victoria sigue aumentando, que a su vez necesita más y más inversión de dinero, energía y tiempo.

Hay un gasto significativo de autoestima, a medida que te vuelves más esclavo del impulso. Y un gasto significativo para el otro compromiso de la persona, que compite por la misma energía y tiempo.

Capítulo 9: Microexpresiones y lenguaje corporal

Comprensión del lenguaje corporal

La mayoría de ustedes tienen una comprensión intuitiva del lenguaje corporal que desarrollan a lo largo de las innumerables interacciones sociales en las que participan durante su vida. Sin embargo, tener una comprensión más profunda de las señales no verbales puede ayudarles a leer a una persona, a leer una habitación o incluso a captar amenazas potenciales. Una forma perfecta de aplicar el lenguaje corporal es, para empezar, la cara de alguien y trabajar en tu camino hacia abajo, haciendo una lista de control mental. ¿Cómo es una expresión facial? ¿Qué hacen con las manos? ¿Cómo están sentados o parados?

Comprender el lenguaje corporal puede ayudarte a asegurarte de que estás enviando el mensaje correcto en el universo. Cuando se quiere parecer amigable y abierto, no se debe estar de pie y sentarse en una posición cerrada.

Si te preocupa tu incapacidad para entender el lenguaje corporal, las señales sociales y las expresiones faciales, considera la posibilidad de visitar a un consejero.

La microexpresión y su interpretación

La microexpresión es una expresión facial que ocurre rápidamente y se disuelve. Una microexpresión es involuntaria e indica la respuesta emocional de una persona en un momento específico. Una microexpresión es difícil de fingir, la microexpresión ocurre muy rápido, a menudo en aproximadamente 1/15 a 1/25 por segundo, la falsificación de la microexpresión no es posible. Puede ser muy difícil identificar la microexpresión a menos que se esté mirando fijamente. A continuación se presentan las microexpresiones y su posible significado:

Una parte de la boca dibujada – odio

Los labios sonríen con las esquinas hacia arriba, las arrugas con las mejillas levantadas en las esquinas de la boca, las arrugas se muestran desde la mandíbula hasta la esquina de los labios.

La esquina interna de las cejas hacia adentro y la externa hacia abajo, la esquina interna de las orejas hacia arriba, y la piel tensa, las esquinas de los labios hacia arriba, las mandíbulas hacia arriba, y el labio inferior sobresale en un puchero.

Arrugas en el medio de la frente, cejas arriba y rectas, párpado superior levantado con la parte inferior de los ojos tensos, el blanco visible por encima del iris no debajo de la boca abierta y los labios estirados hacia atrás y el miedo a la burla.

Cejas arqueadas y levantadas, piel tensa en los párpados inferiores, frente arrugada, blanco de los ojos visible por debajo y por encima del iris, mandíbula abierta, dientes separados - sorpresa.

Arrugas verticales entre las cejas, cejas estiradas y mofadas en el centro, párpado inferior tenso y enfocado, labios apretados y las esquinas hacia abajo, mandíbula inferior ligeramente adelantada - agresión, ira.

El párpado superior de dos ojos y el labio inferior está levantado, la nariz se arruga y las mejillas se levantan - respuesta a algo asqueroso, maloliente.

Las claves no verbales asociadas con el hecho de estar sentado

Pasas mucho tiempo, particularmente tu tiempo social cuando las señales no verbales son más esenciales, sentado. La forma en que te sientas puede decir mucho sobre tus sentimientos y actitudes en una situación particular:

- Rodillas separadas

Un hilo popular que verá en esta sección es que cuanto más grande parece una persona, más confianza tiene en que se sentirá o querrá aparecer.

Si alguien se para o se sienta de una manera que le hace parecer más grande, puede que esté tratando de estimular o intimidar a otras personas. Cualquiera de estos puede ser el caso de sentarse con las rodillas separadas. Sentarse con las rodillas separadas hace que alguien parezca más grande y también hace que parezca que está al mando, relajado y cómodo. Por lo tanto, confiado. Esta es principalmente una postura más masculina y sería más popular ver a un hombre sentado en esta postura que a una mujer.

- Rodillas juntas

Así como una persona sentada con las rodillas separadas puede parecer más grande, por lo tanto, más segura, una persona sentada con las rodillas juntas puede parecer más pequeña y es probable que esté al límite o preocupada. Esto se debe a que sentarse con las rodillas juntas es una posición cerrada que indica que alguien está tratando de protegerse. Sentarse con las rodillas juntas no se considera particularmente una postura femenina, de la misma manera que sentarse con las rodillas separadas se considera una postura masculina.

- Rodillas cruzadas

Sentarse con las rodillas cruzadas a menudo tiene un significado más profundo que simplemente sentarse con las rodillas juntas. Hace que alguien parezca bastante pequeño. Puede ser visto como una postura cerrada y defensiva y a diferencia de sentarse con las rodillas juntas, a menudo se ve como una postura explícitamente femenina. Se considera educada y delicada. Puede indicar incomodidad o timidez.

- Tobillos cruzados bajo las rodillas

Sentarse en el suelo con los tobillos cruzados y los pies bajo las rodillas suele ser visto como un signo de consideración y comodidad.

Los nombres de esta postura varían en lugar y tiempo. En la región del Pacífico, suele llamarse postura de loto y se muestra en ilustraciones antiguas y modernas de pensadores y hombres santos y se cree que se ha adoptado como una de las posturas más cómodas para la meditación a largo plazo.

Claves no verbales mientras se está de pie

La forma en que te pones de pie también puede decirte mucho de cómo se siente o piensa una persona:

- Pies separados

Tener los pies separados te hace parecer más grande y es una postura más estable. Como resultado, normalmente se ve como algo cómodo, seguro y potencialmente agresivo.

- Pies juntos

Estar de pie con los pies juntos hace que parezcas pequeño y por lo tanto a menudo es sostenido por los que están menos cómodos. También suele ser una señal de respeto como cuando los soldados se ponen de pie en atención.

- Encorvado o apoyado

Estar de pie y apoyado como con un pie o la espalda contra la pared indica que no hay agresión ni comodidad. A veces se ve como una falta de respeto o que la persona no está prestando atención a la interacción a su alrededor.

Claves no verbales asociadas a las armas

- Los brazos en el bolsillo o a los lados

Estar de pie con las manos a los lados, dependiendo de su rigidez, es una especie de posición neutral. Las manos rígidas y los hombros rectos se reservan a menudo para signos de respeto, como es el caso de los soldados que están de pie en atención.

Sin embargo, estar de pie con los brazos en el bolsillo se ve generalmente como una falta de respeto en determinados eventos. Puede ser visto como una distracción y hay espacio para asumir que la persona está más preocupada con lo que está en sus bolsillos que con lo que está pasando.

- Manos cruzadas

Estar de pie con los brazos cruzados sobre el pecho hace que el cuerpo parezca más pequeño y es una postura cerrada. Puede ser un signo de incomodidad, y de ira. El hecho de tener las manos cruzadas sobre el pecho se considera a menudo una falta de respeto, posiblemente porque se puede ver como la creación de una barrera entre usted y la otra persona, lo que indica desaprobación o desinterés.

- Manos arriba

Tener las manos levantadas suele ser visto como una señal de sumisión. En los conflictos, las personas que se han rendido suelen tener las manos levantadas en señal de que no están alcanzando o sosteniendo un arma.

- Palmas juntas

Mantener las palmas de las manos juntas puede significar varias cosas dependiendo del contexto pero es muy a menudo un gesto contemplativo. Normalmente se realiza mientras se piensa, pero normalmente se realiza mientras se reza. Dirigiendo los pensamientos al cielo.

Mantener las palmas de las manos juntas es específico en las zonas pacíficas, en prácticas como el yoga, simboliza el equilibrio. La postura es simétrica con las palmas juntas en el centro del cuerpo.

- Los brazos a la espalda

Estar de pie con los brazos a la espalda es a menudo un signo de paciencia, contemplación y comodidad. En las fuerzas armadas y las artes marciales, se suele coser una postura semiformal.

- Toca

Se trata de un contacto rutinario que incluye palmadas en la espalda o un abrazo para indicar que te importa. Comúnmente se dan la mano como saludo o se asignan para señalar un entendimiento compartido. El tacto como forma de comunicación se llama háptica. Para los niños, el tacto es un aspecto vital de su desarrollo. Los niños que no tienen suficiente tacto tienen problemas de desarrollo. El tacto ayuda a los bebés a sobrellevar el estrés. En la infancia, el tacto es la primera sensación a la que responde un bebé.

- Tacto funcional

En el lugar de trabajo, el tacto es uno de los medios de comunicación más eficaces, pero es necesario seguir las reglas de etiqueta populares. Por ejemplo, un apretón de manos es un tipo de tacto que se utiliza en el ámbito profesional y puede mostrar la relación entre dos personas. Preste mucha atención a los signos no verbales que transmite la próxima vez que le dé la mano a una persona. Por lo general, al estrechar la mano de una persona, debe transmitir confianza, pero debe evitar el exceso de confianza. Los elogios y el estímulo se comunican mediante una palmada en el hombro. Debe recordar que no todas las personas comparten niveles de comodidad similares cuando utilizan el tacto como comunicación no verbal. Por ejemplo, un toque inocente puede hacer que otra persona se sienta incómoda y por esta razón, el uso del tacto necesita leer el lenguaje corporal y responder de manera efectiva.

Además, en el lugar de trabajo, el tacto puede complicarse cuando es entre un subordinado y un jefe. La práctica estándar es que a las personas en el poder no se les permite tocar a sus subordinados que viceversa. Por esta razón, debe evaluar sus motivos para el más trivial de los toques y decidir mejorar sus tácticas de comunicación con sus subordinados. Una medida estándar es que es mejor fallar pero del lado de la precaución. El tacto funcional incluye ser examinado físicamente por un médico y ser tocado como una forma de masaje profesional.

- Toque social

La mayoría de los tipos de comunicación necesitan algún tipo de contacto. Un apretón de manos es un toque esencial en los contactos sociales. Los apretones de manos varían de una cultura a otra. Es educado socialmente y permite que uno le dé la mano a otra persona durante una introducción en los Estados Unidos. En otros países, besar en la mejilla es la cultura. En las mismas interacciones, los hombres permiten que un extraño los toque en sus brazos y hombros, mientras que las mujeres se sienten cómodas al ser tocadas por una extraña sólo en los brazos. Es probable que los hombres disfruten de las caricias de una extraña, mientras que las mujeres tienden a sentirse incómodas con cualquier caricia de un extraño.

- Toque de amistad

Los tipos de toques permitidos entre los aliados varían según los contextos. Por ejemplo, las mujeres son muy receptivas tocando a sus amigas en comparación con sus homólogos masculinos. Los toques entre amigas son muy afectuosos, a menudo a modo de abrazo, mientras que los hombres prefieren darse la mano y darse palmaditas en la espalda. En un ambiente familiar, las mujeres se tocan entre sí en comparación con los hombres.

Las demostraciones de afecto entre amigos son críticas para expresar ánimo y apoyo incluso si no eres una persona susceptible de ser tocada. Uno debe estar dispuesto a salir de su zona de confort y ofrecer a su amigo un abrazo cuando se encuentre en una situación difícil. Ayudar a otros a animar sus estados de ánimo es probable que también levante el suyo.

- Toque de intimidad

En las relaciones románticas, los toques que comunican el amor juegan un papel fundamental. Por ejemplo, el más simple de los toques puede transmitir un significado crítico, como sostener los brazos o colocar la mano alrededor de su pareja, lo que comunica que ambos son uno. Los adultos prestan atención a las señales no verbales en comparación con las señales verbales durante una interacción.

En los primeros momentos de la cita, los hombres tienden a iniciar el contacto físico en línea con las normas sociales, pero en un momento posterior de la cita, son las mujeres las que se tocan primero. Las mujeres le dan más importancia al contacto en comparación con los hombres e incluso el más pequeño de los gestos puede ayudar a calmar a las mujeres que estaban molestas.

- Tacto despierto

Las caricias excitantes provocan sentimientos intensos y sólo son adecuadas si se acuerdan mutuamente. Los toques excitantes son para evocar placer y felicidad y pueden implicar besos, coqueteos y abrazos que son intencionados para sugerir sexo. Uno debe ser cuidadoso con las necesidades de su pareja. Uno puede mejorar enormemente sus habilidades de comunicación y sus relaciones prestando mucha atención a los signos no verbales que se transmiten a otras personas a través de los hábitos de caricias.

Además, nuestro sentido del tacto tiene la intención de comunicarse de forma clara y rápida. El tacto puede provocar una comunicación subconsciente. Por ejemplo, usted se aparta instantáneamente de su mano cuando toca algo caliente, incluso antes de que lo procese conscientemente. De esta manera, el tacto constituye una de las formas más rápidas de comunicarse. El tacto como forma de comunicación no verbal es una forma instintiva de comunicación. En detalle, el tacto transmite información instantáneamente y causa una reacción gutural. Retener completamente el tacto comunicará los mensajes equivocados sin que te des cuenta.

Capítulo 10: Control mental no detectado

El control mental no detectado es la forma más mortal de control mental que existe. Cuando una persona es consciente de que su mente está siendo influenciada, entonces es capaz de objetar física, mental o verbalmente. Son capaces de evitar el contacto con la situación o persona que los controla. Muchas personas corren a la primera señal de un individuo dañino que intenta entrar en su mente y tomar el control sobre ella. Si su controlador mental no es detectado, como un bombardero sigiloso, entonces es imposible que el sujeto ponga sus defensas a tiempo.

El uso de los medios de comunicación y las interacciones interpersonales. Tradicionalmente, el control mental de los medios de comunicación sólo era posible para las grandes empresas y los controladores mentales individuales se dejaban al control mental interpersonal.

Hoy en día, esta ya no es la ocasión. Los teléfonos inteligentes y las computadoras han puesto los poderes de control mental de los medios directamente en las manos de los manipuladores más fríos del universo.

Técnicas de control mental no detectadas

Control mental de los medios de comunicación con sonido

Te encanta pensar que tienes libre albedrío, y las decisiones que tomas y los pensamientos que tienes son tuyos. Tu sentimiento de individualidad, libre elección e identidad son parte de lo que te hace especial y juega un papel integral en la experiencia humana. Sin embargo, en realidad estás tan poseído e independiente del libre albedrío como te gustaría pensar...

La sola idea de que usted podría estar bajo la influencia de sujetos externos y fuerzas de manipulación por control mental en contra de su propia voluntad es un aspecto horrible que se ha explorado profundamente en la ciencia ficción, pero ¿qué pasa si no es sólo ficción en absoluto?

¿Qué pasa si estás directamente programado y moldeado por gente nefasta a través de la televisión que ves a diario y la música que escuchas habitualmente? Según otros, esto es lo que realmente está ocurriendo, y ha estado ahí durante años.

Una tecnología que puede ser aplicada para influenciarte subliminalmente y alcanzar las ondas aéreas se conoce como el Espectro de propagación de sonido silencioso (SSSS).

Esta tecnología fue creada en la década de 1950 y perfeccionada a lo largo de los años y opera analizando los patrones de la mente humana y luego almacenando estos datos como un grupo de firmas de emociones, que pueden ser transmitidas, duplicadas y sintetizadas a través de diferentes medios para influir subliminalmente en el proceso de pensamiento emocional y los estados de los humanos, particularmente interrumpiendo su conciencia.

Es un sistema de comunicación muy silencioso que tiene portadores no auditivos, en el rango de frecuencia de audio muy alta o muy baja o en el siguiente espectro de frecuencia ultrasónica son de frecuencia, o amplitud modulada con la inteligencia deseada y propagada vibratoriamente, o acústicamente para ser introducida en la mente, principalmente mediante la aplicación de auriculares o altavoces, o transductores piezoeléctricos.

Los portadores modulados se envían directamente en tiempo real o pueden almacenarse y grabarse adecuadamente en medios ópticos, magnéticos o mecánicos para su transmisión retardada o repetida a la persona que escucha.

Control mental encubierto

Las principales tácticas que se utilizan son la aplicación de la inducción de microondas de corto alcance o la inducción directa de microondas de corto alcance en la señal enviada a través de las ondas de radio o televisión y otras frecuencias portadoras. Se supone que esto es completamente indetectable.

Es tan espeluznante, particularmente si se mira la potencial aplicación militar de tal tecnología.

Control mental de los medios con imágenes

Parece que es una primera respuesta popular. El hecho es mucho más perturbador y sutil. Los medios de comunicación han aplicado durante mucho tiempo diferentes tácticas de control mental para desencadenar lo peor de ti.

Es una fórmula de aplicación de conocimientos por la élite para controlar a las masas, pero sin fuerza física externa. La élite, sin embargo, requiere tu permiso para aceptar su agenda oscura, y hay algunas formas en que la élite lo hace:

- – La élite te distrae
- – La élite te hace sentir mal contigo mismo
- – La élite te atonta...
- – La élite usa noticias falsas
- – La élite te adormece hasta la violencia.

La gigantesca cooperación de los medios de comunicación toma una decisión sobre qué anuncios comerciales ves entre los programas y también tiene una influencia significativa en lo que los nuevos programadores se encargan o permanecen en el aire. Su influencia es amplia y abarcadora.

Al principio, cuando quieres ver la televisión, estás en tu estado natural de ondas cerebrales beta. Sin embargo, después de unos minutos, entras en lo que se llama un estado de ondas cerebrales alfa. Esta es una condición relajada del cerebro que se siente en paz. Cuanto más se mira, más se prolonga y se maximiza esta condición.

El problema es que el estado de ondas cerebrales alfa te hace más susceptible a lo que estás viendo. Reduce la sensación de cinismo y te deja receptivo a lo que estás viendo. Es como un estado hipnótico en el que eres susceptible a lo que se te muestra.

Cuando cambias de un estado beta a un estado de ondas cerebrales alfa, te sientes increíblemente relajado. Es una sensación bastante placentera y poderosa. Puede ser muy adictiva y es uno de los factores que a la mayoría de la gente le encanta relajarse consiguiendo un teleadicto.

¿Cómo es posible que los medios de comunicación apliquen métodos de control mental?

Programas de televisión criminales

¿Cómo te adormecen hasta la violencia?
Mostrando la violencia intensa en los programas de TV criminales y justificándola ofreciéndole un argumento. La exposición temprana a la violencia en la televisión causa un comportamiento agresivo en la vida futura.

Publicidad

Dondequiera que mires en los anuncios de la televisión, vallas publicitarias o revistas, hay imágenes de personas perfectas vendiendo un producto. Por supuesto, no esperas que los anunciantes apliquen modelos feos, en las décadas modernas, lo que está en juego en la publicidad se ha elevado a un estándar de belleza imposible.

No hay manera de que el ciudadano ordinario pueda mantenerse al día con lo que se promociona y anuncia como belleza normal.

Capítulo 11: Juegos mentales con psicología oscura

El juego mental es una especie de impacto social que tiene como objetivo alterar comportamientos o ideas a través de tácticas solapadas, abusivas o fraudulentas. Al maximizar el interés manipulador, generalmente a otros gastos, estas tácticas pueden ser consideradas engañosas, explotables, confusas e insultantes.

El impacto social no es necesariamente negativo. Por ejemplo, personas como los aliados, la familia, y los médicos pueden claramente estar de acuerdo en cambiar el comportamiento grosero. El efecto social se considera principalmente agotado cuando respeta el derecho a rechazar o aceptar y no es irrazonablemente obligatorio. Basándose en la motivación y el contexto, el efecto social puede implicar una manipulación solapada.

Se trata de un juego mental porque te hace sentir seguro y evita asumir la responsabilidad de tus emociones. La parte desafiante de los juegos mentales es que nunca tienes una relación real con los humanos y por lo tanto no sientes una profunda conexión de amor que proviene de la creencia y la honestidad.

A continuación se presentan juegos mentales generales:

Olvidar la personalidad pasivo-agresiva

Básicamente, estas personas olvidan cuestiones esenciales como el pago de la deuda, la contratación y el compromiso. Esperas a que lo recuerden, pero no lo hacen, y cuando se lo recuerdas, te responden: "Oh, lo siento, lo olvidé". Después de conseguirlo muchas veces, empiezas a aburrirte. Entonces te responden: "Oh, lo siento, ¿estás enfadado? Te sientes molesto". Cuando estás molesto con ellos, protestan, "Oh, Dios, te lo hubiera dicho". Haciendo eso no estás molesto por nada, eso te hace aún más molesto. De esta manera, suprimen tu ira sin darles la oportunidad de expresarla.

Ofensa
El juego se hace de tal manera que si alguien quiere hacer su trabajo, se siente culpable.

Incompatibilidad
Es una forma de decir algo perjudicial para una persona, y después, cuando se lesiona, parece dudar que lo que quiere decir no es realmente correcto.

Tortura
A veces la gente odia sus proyectos y la opresión hacia otras personas. O bien se sabe de su odio, o creen que es justo. Una vez que comienzan el proyecto, buscan las razones de la tortura. Cuando la gente odiosa no está de acuerdo con ellos en política, rechazan las invitaciones o se ríen de la manera equivocada, entonces los perseguidores encuentran maneras de castigarlos. Pueden hablar mal de ellos a sus espaldas o pueden hablar con ellos de manera insultante o condescendiente.

Avergonzando(a)
Las personas que juegan el juego mental, ven su enojo cuando atrapan a las personas que no les gusta decir algo que no es inapropiado. Esto es lo opuesto a una ideología personal; es demonizar a cualquier persona.

Jugando a ser difícil de conseguir
Se aplica cuando las mujeres y los hombres intentan intencionadamente no mostrar su afecto e interés por la persona con la que están saliendo. El objetivo es hacerse ver más valioso a los ojos de su pareja. No quieren parecer desesperados o fáciles.

Viaje de culpabilidad

La gente usa esta táctica para hacer que otros debiliten sus límites personales. Un individuo que se siente culpable generalmente permitirá que otras personas lo pasen por encima y hagan cosas que no harían si la culpa no estuviera allí en primer lugar.

Bombardeo de amor

Es lo que la gente manipuladora suele hacer al principio de la relación. Intentan lo mejor para parecerse al amante perfecto y maravilloso de los suyos, en lugar de un individuo natural. Pueden comprarte regalos todo el tiempo o incluso enviarte mensajes de texto constantemente y mover la relación rápidamente. Es esencial diferenciar entre el normal mostrar/coquetear y el afecto bombardeado de amor. El bombardeo de amor tiende a ser más intenso que el coqueteo natural y parece mucho menos inapropiado y realista para la etapa de la relación.

Límites de la prueba

Esto es cuando alguien intencionalmente hace algo irrespetuoso o hiriente a usted para probar su respuesta y sus límites. Quieren ver si eres una persona con límites débiles o si puedes defenderte. Los que hacen esto son principalmente personas que buscan una persona con límites personales débiles y por eso tratan de poner a prueba tus límites.

Abuso Psicologico (Gaslighting)

Es una técnica de manipulación que los manipuladores aplican para hacer que su sujeto se cuestione su propia realidad. Lo que hacen es que retienen información, te mienten a la cara sobre asuntos triviales, niegan haber dicho algo que recuerdes que hayan dicho para confundirte, te acusan de ser demasiado olvidadizo o loco. Incluso pueden esconder o extraviar tus objetos para hacerte cuestionar tu memoria.

Personas que aplican juegos mentales a menudo porque son inmaduros, inseguros o tienen un tipo de personalidad manipuladora. No están listos y maduros para tener una relación personal estable. La mayor parte de esto se deriva de las inseguridades personales y la incapacidad de conectar y confiar en los demás de una manera saludable.

Manipular - La mayoría de las personas aplican juegos mentales que manipulan egoístamente a otras personas para poder tener lo que desean para satisfacer sus propios deseos insatisfechos. Esto puede incluir:

- Tener una persona que los escuche
- Esperando que alguien cure sus heridas más profundas.
- Reforzando su autoimagen porque tienen una identidad que presentar a los demás.
- La necesidad de controlar a una persona
- Tener una persona que los adore
- Sexo
- A menudo tienen a una persona a su lado.

A la gente le gusta la emoción. Algunos sólo quieren ver si pueden hacer que les guste una chica o un chico. Es como una carrera o un partido para ellos. Se dicen a sí mismos, si puedo hacer que un chico o una chica me guste, entonces debo ser realmente genial. Todo esto emana de la falta de conciencia de cómo hieren a otras personas y de la baja autoestima. Otros están en una frenética condición cerebral, necesitando la satisfacción de sentir que son importantes para al menos un hombre.

Probando las aguas, en un intento de averiguar lo que sientes por ellas, muchas personas juegan juegos mentales. Para ser lo suficientemente honesto como para compartir sus deseos más profundos de querer amar y ser amado se necesita mucha valentía. ¿Qué pasa si le dices a una persona que en realidad la estás cuidando y que de alguna manera te refieres a diez. Puede que te sientas como si te llevaran, pero quizás la otra parte está ansiosa por dar el primer paso.

¿Cómo se juega a los juegos mentales?

Desde el Time Memorial, la gente ha estado aplicando técnicas de manipulación para conseguir que otras personas digan o hagan cosas particulares. Debes ser capaz de engañar a la gente sin hacerles saber tus intenciones para poder jugar juegos mentales. Te encontrarás manipulando las emociones y pensamientos de otras personas aprendiendo técnicas específicas y afinando tus habilidades de actuación.

Método 1: Convencer a otras personas

Inscríbete en una clase de actuación - Cuando aprendes a engañar a una persona, es esencial que aprendas a hacer que esa persona crea en tus emociones y en tus palabras. Aprender las tácticas básicas de actuación puede ayudarte a ser más persuasivo con la gente que intentas manipular.

No rompas tu personaje - Cuando una persona te llame la atención o te acuse de tratar de jugar con su mente, no lo admitas. Es posible darle la vuelta a la situación, y convencer a esa persona de que sus acusaciones o paranoia hieren tus emociones:

- Cuando admitas que estás jugando con tu mente, bajarás la confianza de esa persona.

- Sea encantador: la gente es más receptiva a los que son encantadores, y están más inclinados a confiar en ellos;
- A menudo tienen una sonrisa, tienen un lenguaje corporal acogedor, y tratan a cada persona con igualdad y respeto.

Sea carismático – La gente tiende a responder positivamente a las personas que los hacen sentir felices y especiales. Las personas carismáticas son perfectas en hacer porque poseen valores particulares. A continuación hay algunos métodos que puede aplicar:

- Dar cumplidos
- Responde a sus emociones para mostrar que realmente te importa
- Pregunte sobre sus intereses.
- Diga el nombre de la gente cuando se separen o saluden.
- Haga contacto visual durante una interacción.
- Demuestra confianza, muestra a los demás que te valoras y que ellos también deberían hacerlo. Esto permite que los demás escuchen lo que tienes que decir y a ti.

Sea aparentemente vulnerable – Si comparte su lado sensible y sus sentimientos profundos, hace que la gente crea que no hay lugar en su personalidad para el engaño. Quieres que la gente piense que eres transparente y que no tienes nada que ocultar;

- Expresar tu admiración por las cosas bonitas o actos graciosos
- Sé empático

Método 2: Entender a los que te rodean

Estudiar otros manipuladores – cuando descubras que otra persona ha estado practicando juegos mentales contigo, o una persona que conozcas, y lo ha hecho bien, descubre qué los hizo exitosos. Comprende sus palabras y manierismos para descubrir su táctica.

Practica el análisis de personas - asegúrate de analizar a la persona con la que intentas jugar juegos mentales para entender cómo piensa esa persona. Esto te permitirá tomar el enfoque perfecto para hacer que esta persona se involucre en tu juego mental.

Busca personas con motivaciones emocionales: muchas personas responden fácilmente a las dificultades y situaciones emocionales. En el caso de las personas empáticas y comprensivas, querrás jugar con sus sentimientos haciendo que se sientan mal por ti. Esto los llevará a ayudarte como tú digas que lo necesitas.

Haciendo de víctima- esta técnica necesita que te ganes la simpatía de la persona. Necesitas actuar como si fueras una persona perfecta y moral que sigue siendo víctima de los males del universo, y no entiendes por qué. Esto hará que la persona se sienta obligada a ceder a cualquier petición que puedas tener.

Buscando individuos con culpa- si sabes que una persona es sensible a la culpa, asegúrate de jugar con esa debilidad. La culpa puede pesar mucho en muchas personas, y harán todo lo posible para evitar ese sentimiento. Si vas a pedir un favor que esa persona no quiere hacer, puedes intentar que la culpa haga que esa persona lo haga. A continuación se presentan algunas afirmaciones que puedes decir si una persona te rechaza;

- "No me sorprende que no lo haga, estoy acostumbrado a ello".
- "Sabía que me decepcionarías".

Método 3: Envío de señales mixtas a una persona importante

No responda inmediatamente a las llamadas y mensajes de texto - los que están disponibles a menudo dejan poco espacio para el engaño y el misterio. En lugar de esperar al lado del teléfono para interactuar, permítale pensar que está ocupado;

- Si te llama, no lo respondas. Llámalo horas más tarde, o tal vez incluso al día siguiente. Su indisponibilidad lo dejará adivinando.
- Si te manda un mensaje de texto por la mañana con un saludo coqueto, no le respondas hasta horas después. Esto lo dejará preguntándose dónde estás y con quién podrías estar a esa hora en particular.

Coquetear con los demás - Si son sólo ustedes dos los que están pasando el rato, dejen que las chispas vuelen. Muéstrale que ustedes dos tienen una química perfecta, y algo especial puede salir de la relación. Luego, cuando ustedes dos se acerquen a otros, muestren algo de atención coqueta a otras damas. Esto realmente le hará perder la cabeza.

Desaparecer por algunos días - Tal vez han pasado mucho tiempo juntos, y las cosas parecen estar calentándose. Desvíalo de su curso al no hablarle por algunos días;

Cuando le manda un mensaje o llama, pidiéndole que se reúnan o simplemente charlen, simplemente y él un texto que explique que usted está ocupado. Sé vago y dile que le enviarás un mensaje de texto en unos días cuando tengas la oportunidad.

Diga que está bien cuando no lo está - Cuando su pareja de alguna manera lo decepcione o lo decepcione, dígale que todo está bien y que usted lo entiende, pero luego actúe enojado. Esto realmente jugará con su mente.

Método 4: Controlar los sentimientos de otras personas
Probando tu dignidad –

A algunas personas no les gusta reclamar la derrota, o admitir cuando algo se convierte en un reto para ellos. Presentando las tareas indeseables de manera particular, puede convencer fácilmente a una persona para que consienta en lo que usted desea.

Mostrar que te importa - Cuando muestras a una persona que te importa su bienestar, o deseas tenerla como aliada, normalmente invitará a esa persona a tu vida;

Busca una manera de ayudar a una persona y, después de completar la tarea, pídele un favor. Será difícil para esa persona rechazarte.

Hazle un favor a una persona. Si te esfuerzas por otra persona, esa persona se sentirá en deuda contigo y deseará devolverte el favor.

Inculcar el miedo y después proporcionar alivio - Una manera perfecta de influir en la forma en que una persona toma una decisión, es hacer que tema una situación lo suficiente como para estar dispuesto a hacer lo que usted diga para evitar que ocurra;

Cuando quiera que una persona empiece a hacer ejercicio con usted, déle estadísticas sobre cómo el no hacer ejercicio puede causar problemas de salud terribles. A continuación, explique cómo puede enseñarles a hacer un buen ejercicio para evitar esos problemas de salud.

Averiguar el deseo de una persona - cuando se trata de personas que están impulsadas por el deseo, simplemente explique una manera fácil de obtener lo que desean. Dígales cómo ganar más dinero fácilmente, pero un mejor vehículo, o conseguir un ascenso laboral. Hacer creer a la persona que puede tener un futuro más brillante haciendo lo que usted dice es una forma fácil de jugar juegos mentales.

Capítulo 12: Aplicaciones de la Tríada Oscura

Acciones psicológicas

Los psicópatas no son capaces de sentir empatía, culpa o remordimiento por sus acciones. Los psicópatas son principalmente manipuladores y astutos. Los psicópatas entienden la diferencia entre el bien y el mal, pero no creen que esas reglas se apliquen a ellos.

La primera interacción con un psicópata

A primera vista, parecen razonables, atentos, lógicos, amables y encantadores, con un deseo bien pensado. Los psicópatas dan la impresión de que son capaces de razonar lógicamente, que entienden los resultados de los comportamientos ilegales y antisociales y responderán en consecuencia.

Los psicópatas parecen ser capaces de examinarse a sí mismos y son capaces de criticarse a sí mismos por sus errores.

Bajo evaluación clínica, no indican síntomas comunes relacionados con el comportamiento neurótico; cambios de humor, nerviosismo, fatiga extrema, alta ansiedad, dolores de cabeza e histeria. En los eventos que la mayoría de las personas naturales encuentran perturbadores, se ven libres de miedo y ansiedad y parecen tranquilos.

Un cambio de actitud

Inicialmente, parecen confiables, devotos y fiables, pero, de repente y sin provocación, se vuelven poco fiables, sin tener en cuenta cómo sus acciones afectan al evento, independientemente de su importancia. Una vez considerados sinceros y honestos, los psicópatas dan un giro repentino y empiezan a mentir sin consideración, incluso en cuestiones pequeñas cuando no hay beneficio en mentir.

Debido a que han comprendido y dominado ese arte del engaño, las personas a su alrededor son bastante lentas para aceptar el cambio abrupto. Si se enfrentan a su irresponsabilidad, falta de lealtad u honestidad, no tiene ningún efecto en su futuro desempeño o actitud. Los psicópatas no son capaces de percibir que los demás valoran la integridad y la veracidad.

No pueden aceptar la responsabilidad del fracaso

Se convierten en actores que son capaces de imitar los sentimientos humanos naturales que nunca han experimentado. Esto es un hecho si los psicópatas se enfrentan a episodios de fracaso. Cuando los psicópatas parecen ser muy humildes y se responsabilizan de sus errores, su verdadero objetivo es ser vistos como el mártir o cordero de sacrificio dispuesto a aceptar la culpa.

Cuando el plan fracasa y se les culpa, los psicópatas evitan enfáticamente cualquier responsabilidad y, sin vergüenza, recurren al señalamiento, la manipulación y las mentiras.

Si no pueden persuadir a otras personas de que no son culpables, los psicópatas se obsesionan, y se desquitan con ello, generalmente murmurando comentarios sarcásticos y planeando la venganza.

Comportamiento arriesgado sin ganancia

Hábito antisocial; robar, cometer adulterio, engañar, agitar, robar, matar, robar les atrae, obtengan o no recompensas. Los psicópatas parecen atraídos por un hábito antisocial de alto riesgo que no tiene un objetivo claro. Los expertos teorizan que les encanta meterse en sucesos perjudiciales debido a la descarga de adrenalina que tienen. Debido a que principalmente no experimentan muchos sentimientos que la gente natural siente, cualquier sentimiento crónico se siente bien. Otras personas creen que los psicópatas lo hacen para inculcar su sentimiento de superioridad y para demostrar que son más inteligentes que los demás.

Juicio horrible

Aunque son pensadores lógicos y se ven a sí mismos como muy inteligentes, los psicópatas muestran constantemente un mal juicio. Cuando se enfrentan a dos caminos, uno hacia el oro y el otro hacia las cenizas, toman el último. Esto se debe a que no pueden aprender de su experiencia; los psicópatas son propensos a tomar un camino similar una y otra vez.

Incapaz de amar y egocéntrico

Son muy ególatras, hasta el punto de que un ser humano normal tiene dificultades para entenderlo. Su aspecto de ser egocéntrico está muy arraigado que los hace incapaces de amar, incluyendo a sus propios hijos, cónyuges y padres.

La única vez que expresan una reacción ordinaria al tratamiento especial o a la amabilidad de otras personas es cuando puede aplicarse en su beneficio. Por ejemplo, una madre psicópata que sigue siendo amada por sus hijos a pesar del sufrimiento que les ha causado puede dar una muestra de agradecimiento para que sigan ingresando dinero en su cuenta de la prisión o pagando los honorarios del abogado.

El tratamiento convencional da poder a los psicópatas

Algunos estudios muestran que no hay técnicas convencionales para curar estos hábitos. Si se han aplicado procedimientos convencionales, se potencian y responden mejorando sus tácticas de astucia y manipulación y su capacidad para ocultar su verdadera personalidad.

Diferencia entre sociópatas y psicópatas

Los sociópatas y los psicópatas tienen un diagnóstico común de tener un trastorno de personalidad antisocial y rasgos similares, pero hay grandes diferencias. Los psicópatas son muy manipuladores y engañosos y mantienen el control sobre sus personas externas. Los psicópatas pueden llevar lo que parece ser una vida normal, a veces durante toda su vida. Si se convierten en criminales, creen que son invencibles y más inteligentes que la persona promedio.

Los sociópatas suelen dejar que su ira aflore con episodios violentos, tanto física como verbalmente. Los sociópatas se vuelven espontáneos e imprudentes y tienen un poco de control sobre lo que dicen o cómo se comportan. Debido a que los sociópatas son impulsivos, rara vez consideran el resultado de su comportamiento. Es un reto para los sociópatas vivir una vida natural, y debido a su imprudencia, la mayoría de ellos abandonan la escuela, no pueden mantener sus trabajos por mucho tiempo, se convierten en criminales y eventualmente terminan en prisión.

¿Quién es muy peligroso?

A los sociópatas les cuesta ocultar su trastorno, mientras que los psicópatas se enorgullecen de su capacidad de manipulación. Los psicópatas son maestros de la disociación y menos propensos a sentir remordimiento o culpa por sus comportamientos. Debido a esto, los psicópatas son considerados muy peligrosos comparados con los sociópatas.

Acciones narcisistas

En el contexto de la psicología, los hábitos pueden explicarse como encubiertos o abiertos. Los hábitos abiertos son aquellos que pueden ser fácilmente vistos por otras personas, como los del narcisista tradicional. Los hábitos encubiertos, sin embargo, son aquellos que son menos obvios y más sutiles para otras personas.

Un narcisista introvertido es una persona que anhela la importancia y la admiración, así como carece de empatía hacia otras personas, pero puede comportarse de manera diferente a un narcisista abierto.

Cuando se consideran las acciones de un narcisista, puede ser un desafío pensar en cómo una persona puede ser narcisista y estar inhibida en su comportamiento y enfoque. Un narcisista introvertido puede ser exteriormente retraído o auto-disminuido en su enfoque, pero el objetivo final es similar. Esto podría explicarse como escuchar su música favorita a un volumen alto, comparado con escuchar una canción similar a un volumen bajo. La música en sí misma no se ha alterado, sólo el volumen que estás escuchando.

Encubierto vs. Abierto

Un narcisista encubierto sólo se diferencia del narcisista abierto en que es más introvertido. El narcisista abierto se reconoce fácilmente porque es insensible, arrogante y ruidoso a los deseos de otras personas, y a menudo desea cumplidos. Las acciones abiertas pueden ser observadas fácilmente por otras personas y se muestran como grandes en la habitación.

Si se piensa en un narcisista abierto, se podría decir que muestran acciones más extrovertidas en sus interacciones sociales con otras personas.

Tanto los narcisistas abiertos como los encubiertos van por el universo con un sentimiento de auto-importancia y fantaseando con la grandeza y el éxito.

Ambos requieren cumplir criterios clínicos similares para ser diagnosticados con un desorden de personalidad narcisista, ya sean introvertidos o extrovertidos. Ambos individuos tienen déficits en su capacidad para controlar su autoestima.

La mayoría de las personas han sido sometidas al comportamiento manipulador de un narcisista introvertido sin que sepan lo que ha ocurrido hasta que ya tienen dolor emocional. Podría ser muy exacto asumir que el narcisista abierto sería mucho más fácil de ver acercarse que el narcisista introvertido.

Señales a buscar

Aunque hay varios criterios clínicos que deben cumplirse para que una persona pueda ser diagnosticada con un trastorno de personalidad narcisista, hay varios rasgos y patrones primarios que deben comprobarse en las interacciones diarias cuando se sospecha que se está manejando a un narcisista introvertido. Ser consciente de estos rasgos comunes puede ayudar a potenciar a las personas que están interactuando con un narcisista introvertido, ayudarles a identificar y a pasar mejor por interacciones potencialmente insalubres:

Autoimportancia pasiva

El narcisista encubierto será más obvio en el elevado sentimiento de su arrogancia y de sí mismo al interactuar con otras personas, el narcisista introvertido puede ser menos obvio. El narcisista introvertido ciertamente desea la importancia y ansía la admiración, pero puede parecer diferente a la gente que le rodea. Puede dar un cumplido a la inversa, o disminuir a propósito sus talentos o logros para que los demás le den la seguridad de lo talentosos que son.

En realidad, tanto el narcisista encubierto como el abierto es que tienen un sentido del yo muy frágil.

El narcisista extrovertido llamará la atención y la admiración, mientras que el narcisista introvertido aplicará técnicas más suaves para alcanzar esos mismos objetivos. El narcisista introvertido será más probable que busque constantemente la seguridad de sus logros, habilidades y talentos buscando a otras personas para alimentar esa necesidad similar de auto-importancia.

Avergonzar y culpar

Avergonzar a otras personas es una técnica estupenda para el narcisista, para proteger su sentimiento de una posición elevada en asociación con otras personas. El narcisista abierto puede ser muy obvio en su procedimiento para ganar influencia, como poner explícitamente a una persona en el suelo, ser sarcástico, ser grosero y criticar.

El narcisista encubierto puede tener un método suave para explicar por qué algo es su error y no debe asumir la culpa. Podrían pretender ser un sujeto de su acción para ponerse en posición de obtener tranquilidad y elogios de usted. En última instancia, el objetivo principal de estas interacciones es hacer que la otra parte se sienta pequeña.

Creando confusión

A menudo no es un narcisista astuto, el más introvertido puede tomar la felicidad de generar confusión para una persona con la que está interactuando. Puede que no interactúen avergonzando o culpando, sino haciendo que otros cuestionen su percepción y que se replanteen a sí mismos.

Además, para generar un efecto de palanca entre ellos y otra persona, el narcisista introvertido requiere aplicar técnicas como ésta para mantener el poder y elevarse en una interacción. Si son capaces de conseguir que cuestionen su percepción, entonces esto les permite la oportunidad de explotarte y manipularte más.

Descuido y postergación

Debido a que su deseo de auto-importancia es superior, un narcisista introvertido hará cualquier cosa que requiera para mantener la concentración en sí mismo. Así que, cuando un narcisista abierto te manipula descaradamente o te hace a un lado para lograr su deseo, el narcisista introvertido es un profesional en no reconocerte en absoluto.

No es una coincidencia que los narcisistas, en general, tiendan a gravitar hacia la interacción con personas compasivas y bondadosas. El narcisista introvertido también identifica esas oportunidades de manipulación. No tienen dificultades para hacerte entender que no eres esencial.

Emocionalmente negligente

Son ineptos para crear y hacer crecer una relación emocional con otras personas. ¿Cómo pueden entender cómo nutrir los lazos con otras personas si su energía y tiempo están a menudo concentrados en ellos mismos? El narcisista introvertido no es diferente. Aunque pueden parecer menos odiosos y más amables que el narcisista abierto, no son emocionalmente sensibles o accesibles también.

Es probable que no recibas muchos cumplidos de un narcisista introvertido. Recordando que a menudo se concentran en mantenerse elevados para mantener su sentimiento de auto-importancia, es más fácil saber cómo un narcisista introvertido encontraría un desafío en hacerte un cumplido. A menudo hay menos consideración por sus habilidades o talentos.

Qué hacer

Puede que tengas una relación personal con un narcisista introvertido, ya sea un compañero de trabajo, una pareja o un miembro de la familia. Puede ser significativo notar que aunque no puedas manejar lo que hace el narcisista, puedes regular la forma en que interactúas y te comportas con ellos a tu alrededor. Hay consejos particulares que puedes tomar para asegurarte si tienes que tratar con un narcisista introvertido.

No lo tomes personalmente

Si se trata de un narcisista, ya sea introvertido o extrovertido, su hábito de manipulación puede ser bastante personal. La falta de patrones de manipulación, sentido de derecho, comportamientos engañosos y comportamientos de consideración de un narcisista puede ser personal si estás en el lado receptor de sus acciones. No importa cuán doloroso sea el efecto de las acciones de un narcisista en el momento, es esencial recordar que no tiene nada que ver contigo.

Establecer los límites

No tienen límites fuertes. Esto se debe a que el narcisista introvertido no tiene un sentimiento de empatía, tiene un fuerte sentimiento de derecho y explota a otras personas, los límites son algo que se interpone en el camino de sus deseos. Cuanto más practiques el establecimiento de límites con el narcisista, más consistentemente le mostrarás que sus técnicas no funcionan contigo.

Acciones maquiavélicas

El maquiavelismo implica puntos de vista cínicos y manipuladores, engaños hacia la naturaleza humana y estados de ánimo fríos y calculadores hacia otras personas.

Una fría y calculadora opinión de otras personas

Los maquiavélicos son personas muy estratégicas que están más dispuestas a engañar, trampear y mentir a otras personas para que cumplan sus deseos. Debido al inadecuado apego emocional, y la experiencia superficial de las emociones, puede haber menos que impide que estas personas lastimen a otras personas para lograr sus deseos. Este es uno de los factores por los que las actitudes y puntos de vista maquiavélicos son tan problemáticos y repugnantes. De hecho, de manera similar estos psicópatas que pueden herir a otras personas por placer, o narcisistas que pueden dañar a otros porque carecen de empatía, pueden engañar o manipular a otras personas para que avancen en su propio beneficio, con poca preocupación de la garantía emocional.

Empatía caliente y empatía fría

Se ha hecho una diferencia entre un sentimiento de empatía que es frío y cognitivo y un sentimiento de empatía que es caliente y emocional. En particular, la empatía fría significa el conocimiento de cómo piensan otras personas, cómo reaccionan otras personas a eventos específicos y cómo pueden ocurrir situaciones que involucren a personas concretas.

Una ventaja evolutiva

Mientras que algunos maquiavélicos expresan déficits en empatía caliente, otros maquiavélicos tienen una capacidad perfecta para conocer los sentimientos y emociones de otras personas, pero no les importa. En particular, se ha descubierto que un grupo de maquiavélicos se salta el sentimiento de empatía; tienen un perfecto conocimiento de los sentimientos y pensamientos que pueden ocurrir en otras personas como resultado de la manipulación, las mentiras, y sin embargo no controlan su reacción. Este inadecuado de conciencia moral en Maquiavelo ha sido visto por los psicólogos de la evolución como una ventaja evolutiva en el aspecto de que estas personas no pueden ser frenadas por la preocupación de otras personas, en la búsqueda de sus deseos. La pregunta viene en relación a cómo pueden mantener y desarrollar una firme relación emocionalmente satisfactoria con otras personas si carecen de la capacidad de resonar emocionalmente, o simplemente tienen un poco de consideración por los sentimientos y pensamientos de otras personas.

Teoría de la mente

Es la capacidad de apreciar y entender por qué la gente piensa de la manera única que lo hace. Se diferencia de la empatía en que se refiere más ampliamente a los contenidos, deseos, aspiraciones y metas dentro del cerebro de una persona, más que a sus alteraciones de momento a momento en los sentimientos y el pensamiento. Deben tener una teoría razonablemente perfecta de la mente para poder saber lo que motiva las acciones de otras personas para poder persuadir a estas otras personas. Sin embargo, el maquiavelismo está negativamente relacionado con las técnicas de cooperación social y la teoría de la mente; eso supone que estas personas pueden no tener mucho éxito en la manipulación y la comprensión de otras personas como dicen ser. Así, mientras que el carácter del maquiavelismo puede consistir en un conjunto de actitudes y creencias acerca de la manipulación de otras personas, no es una necesidad que esta técnica de manipulación tenga éxito.

Alexithymia

El maquiavelismo se relaciona con la alexitimia que explica un déficit en la comprensión y la denominación de los sentimientos de una persona. Los que son alexitimistas han sido definidos como distantes y fríos, y fuera de contacto con su experiencia emocional. La alexitimia en los maquiavélicos puede ser el resultado de una menor comprensión de los sentimientos, que emana de una experiencia superficial de esos sentimientos o de un déficit en la teoría de la mente y la empatía. Independientemente de la causa de fondo, las pruebas demuestran que son personas más cognitivas en su procedimiento hacia sí mismas y hacia otras personas, y que están fuera de contacto con sus sentimientos en general.

Capítulo 13: Seducción psicológica oscura

La seducción es un arte de la psicología, y no de la belleza, la seducción está al alcance de cualquier individuo para ser un maestro de la seducción psicológica. Todo lo que necesitas es mirar el universo de manera diferente, a través de los ojos de un seductor.

Lo que seduce a una persona es el esfuerzo que haces en su nombre, mostrar cuánto te importa y cuánto vales.

Ellos se complacen en actuar, y no se sienten agobiados por su identidad de prueba, o ser natural, o el deseo de ser ellos mismos.

Tiene dos aspectos que debes entender y analizar: primero, tú mismo como persona y lo que es seductor de ti y segundo, tus acciones y objetivos que irán más allá de sus defensas y harán que se rindan.

Tipos de objetivos seductores

Un consejo, no intentes seducir a tu propio tipo. La mayoría de la gente da constantemente señales de lo que no tiene; debes sintonizar con estas señales e interpretar a tu tipo en base a ellas.

- **La belleza:** Están acostumbrados a ser apreciados, debes concentrarte en los aspectos menos cumplidos como su ingenio o intelecto.
- **El Rescatador:** personas que desean sentir que están salvando a alguien de sí mismos.
- **El Profesor:** Piensan profundamente y analizan todo, pero desean ser más abrumados por un espíritu libre

que les ayude a liberar su obstáculo mental.

- **El Bebé Envejecido:** son todavía inmaduros y quieren un padre que los apoye, hay que habilitar sus metas infantiles mientras que aún los atrae.
- **El Sensualista:** las personas que son impulsadas por sus sentidos, tienes que abrumar su tacto, olfato y vista, para atraerlos completamente.

- El género flotante: Flotar con ellos.
- **El Roué:** Son más experimentados, y su deseo es educar a alguien que sea ingenuo.
- **El Líder Solitario:** actúan como su superior o igual, el tipo de relación que no tienen.
- **Los adoradores de ídolos:** Tienes que convertirte en su objeto de culto que da un sentido a la vida que ellos desean.

Carácter seductor

Comienza con quién eres, es decir, tu personalidad y el tipo de energía seductora que gastas. Necesita refinarse, construirse en una de las siguientes categorías de seductores:

- **Sirenas** - Tienen mucha energía sexual, y saben cómo hacer uso de ella
- **Rastrillos** - Adoran insaciablemente lo opuesto, y su impulso es infeccioso.

Los seductores atraen a sus víctimas, como las sirenas de Odiseo, a través de sus burlas e imágenes. Creando la pose seductora apropiada para su presa.

Si no hay ningún obstáculo al que se enfrente, debe crear los obstáculos. La seducción prospera a través de los obstáculos.

Los amantes perfectos tienen un sentido estético que usan para el romance

El seductor exitoso en la historia fue el Casanova, su técnica era bastante simple: al conocer a una dama la estudiaba cuidadosamente, se llevaba bien con sus estados de ánimo, averiguaba qué es lo que le faltaba en su vida, y se lo proporcionaba al instante.

A los dandies les encanta jugar con su propia imagen, creando un atractivo andrógino y sorprendente.

¿Se siente más atrapado dentro de los limitados papeles que el universo espera que desempeñe? Es probable que te atraigan las personas que son muy ambiciosas, más fluidas, que tú, las que construyen su propia imagen.

Los dandies suelen seducir social y sexualmente: se forman grupos alrededor de los dandies, su estilo único es mayormente imitado, toda una población se enamorará de los dandies. Para que te adaptes al carácter de los dandies para tu propio beneficio, recuerda siempre que el dandi es naturalmente hermoso y una flor rara.

Naturales

- Son abiertos y espontáneos
- La autoestima es importante en la seducción. Tener un bajo nivel de autoestima repele, la confianza y la autosuficiencia atraen. Cuanto menos parezcas necesitar a los demás, más probable es que se sientan atraídos por ti.

Encantadores

- Tienden a querer y saber cómo complacer a los demás, son criaturas sociales. No pelean ni discuten, ni molestan, ni se quejan.

- Los carismáticos tienen una inusual confianza en sí mismos, creando un aire de carisma.
- Deberías aprender a construir la ilusión carismática irradiando más intensidad mientras permaneces desapegado.
- La gente no quiere oír que tu éxito y poder proviene de años de disciplina y esfuerzo. Prefieren pensar que tu poder y tu éxito vienen de tu carácter, tu personalidad, con la que naciste naturalmente.

El Bruto

- No tienen paciencia, quieren saltarse el aspecto de la seducción, y ofenden con egoísmo.

La asfixia

- Son personas que se aferran a ti incesantemente; te aman incluso antes de que sepas quiénes son, o los que se hacen felpudos contigo en su obsesión.

Fase de seducción 1: Separación, deseo e interés agitado

- Elija el objetivo perfecto.
- Los objetivos perfectos son aquellas personas a las que puedes llenar un vacío, aquellos que ven en ti algo exótico
- Deja en paz a los que no te son accesibles: no puedes seducir a todos. Nunca tengas prisa por correr a los brazos abiertos de la primera persona a la que parezcas gustarle. Eso no es seducción sino inseguridad.
- Aquellos que son exteriormente distantes son siempre víctimas perfectas que los extrovertidos.
- Debes evitar a los que están preocupados por el trabajo o los negocios - la seducción es todo acerca de la atención, y

la gente que está ocupada tiene poco tiempo libre en su rutina para ti.

- Una vez que te hayas decidido por el objetivo apropiado, tienes que despertar su deseo y conseguir su atención. Para pasar de la amistad al amor

- Sus interacciones amistosas con su víctima le darán acceso a información muy valiosa sobre sus debilidades, gustos, caracteres, los anhelos de la infancia que regulan su comportamiento adulto. Cuando pasas tiempo con tu objetivo haces que se sienta más cómodo contigo. Deberías entonces, sorprender las expectativas de tu objetivo con un toque errante que haga que se interese más por ti.

- No hay nada efectivo en la seducción como hacer que el seducido sienta que es el que está seduciendo.

- Demasiada atención sugerirá inseguridad y planteará dudas sobre su motivo.

- En todos los aspectos de tu vida, no debes dar la primera impresión de que estás deseando algo, esto levantará una resistencia que nunca bajarás.

- Envía diferentes señales

- Lo que es llamativo y muy obvio puede atraer su atención, pero esa atención no durará mucho tiempo: finalmente, la ambigüedad es mucho más potente.

Fase de seducción 2: Llevar por mal camino

- Crear confusión y placer
- ¿Mantener a tu objetivo en suspenso?
- Compórtese de una manera que deje a su objetivo preguntándose. Realizar algo que no esperan les da un sentido de espontaneidad, no podrán ver lo que viene a continuación.
- La fiabilidad es la clave para atraer a los demás, pero debes seguir siendo muy fiable y aburrido. Los perros son muy

confiables, los seductores no.

- Utiliza el poder de las palabras para sembrar la confusión en ellos.
- Inflama las emociones de los demás con frases pesadas, halaga a tus objetivos con palabras dulces y no sólo te escucharán, sino que perderán la voluntad de resistirse a ti en cualquier momento.
- Presta mucha atención a los detalles
- Poetícese su presencia.
- Desarmarse a través de la vulnerabilidad y debilidad estratégica
- La forma apropiada de ocultar su rastro es asegurarse de que la otra persona se sienta más fuerte y superior.
- Confundir la realidad y el deseo – la ilusión perfecta
- Un seductor para traer algo de sangre y carne a la vida de fantasía de una persona, encarnando una figura de fantasía, o construyendo un evento que se asemeje al sueño de esa persona.
- Separa a las víctimas de su entorno mental, física y emocionalmente, para que las víctimas puedan absorberse aún más.

Fase de seducción 3: El precipicio, profundizando la influencia a través de medidas extremas

- Deberías probarte a ti mismo.
- No te preocupes cuando cometas un error
- Con astucia y furtivamente lleva a tu objetivo al caos, a un momento de peligro y puedes hacer de salvador, el valiente caballero
- Agitar el tabú y la transgresión
- Efectuar la regresión.
- Hacer sentir a tu víctima que la estás llevando más allá de su límite, esto es extremadamente seductor.
- Haga uso de los señuelos espirituales.

- Mezcle el dolor con el placer
- Atraiga a su víctima con atención enfocada, luego altere la dirección, pareciendo que ya no le interesa. Haz que tu víctima se sienta insegura y culpable.
- Asegúrate de que tus métodos de seducción nunca sigan un simple curso ascendente hacia la armonía y el placer. Esto asegurará que el clímax no llegue demasiado pronto, y el placer será demasiado débil.
- Sin suspenso, tensión y ansiedad, no puede haber un sentimiento de liberación, verdadera alegría y placer. Es tu responsabilidad crear tensión en la víctima; desencadenar sentimientos de ansiedad, llevarlos hacia y desde, así como el clímax de la seducción tiene la intensidad y el peso real.

Fase de seducción 4: Moverse para la matanza

- Dale tiempo a la víctima para que caiga, el perseguidor es perseguido
- Deberías revolver la olla tendiendo a interesarte por alguien más. Haz algo de esto demasiado explícito: permite que tu víctima sólo lo sienta y su imaginación realizará lo que queda, construyendo la duda que quieres.
- Entienda: la fuerza de voluntad de un individuo está directamente asociada con su libido, su impulso erótico. Cuando su objetivo le espera pasivamente, su nivel erótico es muy bajo y viceversa.
- Mientras tú estás tranquilo, el aire de las medias está calmando las mentes de tu víctima y bajando sus inhibiciones, su porte, su voz y tus miradas. Meterse bajo su piel, subir su temperatura y agitar sus sentidos

Usar señuelos físicos

Estén atentos y alerta a los signos de excitación física. Temblor de su voz, risa inusualmente fuerte, rubor, son señales de que su objetivo se está deslizando en el momento y la presión debe ser utilizada.

- Tenga cuidado con las secuelas.
- Mantenga su ligereza y misterio.
- Sea un maestro en el arte de los movimientos audaces.
- Uno de ustedes debe ir a la ofensiva, y ese debe ser usted.

Evita el agotamiento lento. Inmediatamente te sientes desencantado y sabes que se acabó, termina rápido sin disculparte, y no hay vuelta atrás.

Capítulo 14: Estudios de casos de la psicología de la oscuridad

Ted Bundy – Testimonio final

¿Quién era Ted Bundy?

En sus últimas confesiones, Ted dijo que se dedicaba a la necrofilia y que lavó el pelo de una víctima y aplicó maquillaje a otra, ambos postmortem.

Uno de los más notorios asesinos en serie de América, Ted era conocido por encantar a sus jóvenes súbditos femeninos a la complacencia antes de asaltar y asesinar brutalmente a las víctimas. Aunque Ted Bundy asesinó al menos a treinta mujeres, Ted pasó relativamente desapercibido hasta el 16 de agosto de 1975, cuando una parada de tráfico rutinaria llevó al descubrimiento de múltiples artículos sospechosos, incluyendo medias, esposas, un picahielos. Pronto se convirtió en sospechoso de asesinatos en todo Estados Unidos, y su eventual juicio en junio de 1979 fue el primero en ser televisado a nivel nacional en Estados Unidos.

Ted nació el 24 de noviembre de 1946, en Burlington, Vermont, en la casa de una madre de segunda mano. Su madre tenía veintidós años, Eleanor Cowell, y hasta el día de hoy, la identidad del padre nunca ha sido conocida. Al crecer, Ted vive en Filadelfia con sus abuelos y tías, que solía creer que eran sus padres.

De niño, Ted parecía completamente normal, en su mayor parte. Según el periodista de investigación Sullivan Kevin, hay un punto de la infancia de Ted que prefigura su futuro como asesino en serie.

En 1950, Ted y su madre biológica se trasladaron a Tacoma, Washington, donde se casó con un hombre llamado Culpeper Bundy Johnnie, que adoptó al joven Ted. Luego tuvieron cuatro hijos propios. Ted dijo que creció con dos padres cariñosos y dedicados en un hogar cristiano sin abuso físico, sin beber, sin pelear, sin fumar y sin apostar.

Pero durante su adolescencia, Ted se enamoró de las revistas de detectives que estaban llenas de historias de crímenes extremos y de cómo salirse con la suya. Un psicólogo que evaluó a Ted dijo que Ted experimentó mucho alivio sexual a través de las historias ficticias. Ted también reveló en entrevistas posteriores que su exposición a estas revistas lo llevó a buscar pornografía violenta y material más potente, más explícito y más gráfico.

Alrededor de este período, Ted fue arrestado dos veces por sospecha de robo de auto y robo con allanamiento, pero los detalles de ambos casos fueron borrados de su expediente cuando Ted cumplió 18 años. Aparte de estos pequeños roces con la ley, Ted fue descrito como un guapo socializador, por sus amigos del instituto.

Después de graduarse de la escuela secundaria en 1965, Ted fue a la deriva entre diferentes universidades antes de inscribirse en la Universidad de Washington. Un estudiante tímido, Ted se sentía inseguro sobre su educación de clase media-baja y creía que no tenía nada que ofrecer a sus compañeros. Pero en 1967, Ted conoció a un compañero de la Universidad de Washington. Había crecido en una exitosa y rica familia de California, de la que Ted quería desesperadamente formar parte. Los dos salieron durante menos de un año, y luego ella rompió la relación porque creía que Ted no tenía dirección y no estaba seguro de sí mismo.

Ted estaba devastado por la ruptura y su rechazo fue un gran golpe para el ego de Ted. Mucha gente creyó que su rechazo pudo haber estimulado la ola de asesinatos de Ted y posiblemente lo motivó a buscar mujeres que se parecieran a ella.

En 1969, Ted parecía haber seguido adelante y comenzó a salir con una nueva mujer, que era una joven madre y divorciada. Además de salir y tomar clases con su nueva novia, Ted se involucró en la política y se ofreció como voluntario para el candidato presidencial republicano Rockefeller Nelson. También trabajó en la línea telefónica de prevención de suicidios de Seattle, donde trabajó y se reunió con Rule Anne, ex oficial de policía y aspirante a escritora de crímenes.

En 1979, Ted se graduó en la Universidad de Washington, haciendo el cuadro de honor. Luego fue aceptado en la facultad de derecho de la Universidad de Puget Sound.

Los primeros asesinatos

Continuando en la política, Ted trabajó en el comité para la campaña de reelección del gobernador republicano J. Evans George. Ted tenía la tarea de vigilar al oponente de Evan, y se hizo pasar por un estudiante universitario y lo siguió para reunir información. Cuando Evans ganó las elecciones, Ted fue nombrado asistente especial del presidente republicano del estado Davis Ross.

En el verano de 1973, Tedd se fue de viaje de negocios a California para el Partido Republicano de Washington. Aunque todavía tenía una relación con su nueva novia, se acercó a su novia de la universidad, que le había roto el corazón. Ella se sorprendió de los cambios que Ted había hecho después de su ruptura.

Impresionado por el nuevo Bundy, su novia de la universidad se alegró de reavivar su relación, y dejó de responder a sus cartas y llamadas. Un mes más tarde, ella finalmente se puso en contacto con Ted. Ella le preguntó por qué había dejado de repente su relación, y él muy tranquilamente respondió, "No tengo ni idea de lo que quieres decir". Esa fue la última vez que hablaron.

Se dio cuenta de que Ted había planeado este rechazo desde el principio de su renovada relación. Ted había esperado todos estos años para estar en una posición en la que pudiera hacer que ella se enamorara de mí, sólo para poder dejarla, rechazarla, como ella lo había rechazado a él.

De vuelta en Seattle, Ted había abandonado la escuela de leyes y trabajaba como asistente del director de la Asesoría de Prevención del Crimen de Seattle. Mientras trabajaba allí, Ted escribió un panfleto de prevención de violaciones para mujeres.

Aunque se debatió cuando Ted comenzó a matar, Ted llevó a cabo el primer asesinato que la policía puede atribuirle de manera concluyente en 1974, poco después de su ruptura con su novia de la universidad. El 4 de enero, Ted irrumpió en el apartamento de la estudiante de 18 años de la Universidad de Washington, Karen Sparks.

Ted la golpeó hasta casi matarla con una barra de metal, que también usó para asaltarla sexualmente. Ella sobrevivió con una discapacidad permanente.

Menos de un mes después, irrumpió en el apartamento del sótano de otra estudiante de la Universidad de Washington, Ann Healy Lynda de veintiún años, a la que golpeó, secuestró y asesinó. El 12 de marzo de 1974, Manson Donna Gail, de diecinueve años de edad, salió de su dormitorio del Evergreen State College para asistir a un concierto de jazz del campus cuando Ted la secuestró y asesinó.

La cuarta víctima de Ted fue la estudiante de dieciocho años de la Universidad Central de Washington, Rancourt Susan, que se acercó a su escarabajo Volkswagen haciendo picaduras en un cabestrillo y le pidió ayuda para mover algunos libros. Dos estudiantes de Central Washington se presentaron más tarde para informar que también se les había acercado un hombre que se hacía llamar Ted.

Los posteriores asesinatos de Ted

El 4 de julio de 1974, Ted se acercó a Ott Janice, de 23 años, en el Parque Estatal del Lago Sammamish. Ted aparentemente pidió ayuda para descargar un velero de su escarabajo Volkswagen, ya que su brazo estaba en un cabestrillo. Ted entonces la secuestró y la asesinó. Horas después, Ted se acercó a Naslund Denise de diecinueve años en el aparcamiento, otra vez con un cabestrillo y pidió ayuda. Nunca más se la volvió a ver.

Según varios testigos, Naslund y Ott fueron vistos hablando con un hombre que se identificó como Ted. Al difundirse la noticia de la desaparición en Washington, la policía publicó detalles y un boceto del sospechoso, incluyendo una descripción de su coche.

En este punto, Ted había encontrado un nuevo trabajo, trabajando en el Departamento de Servicios de Emergencia del Estado. Los compañeros de trabajo de Ted tenían sentimientos encontrados hacia él. A algunos les gustaba, mientras que otros pensaban que era un manipulador y un holgazán. Por lo general, Ted no se presentaba a trabajar y no se molestaba en decírselo a sus jefes.

Cuando la policía anunció la desaparición de Naslund y Ott, el colega de Ted se burló de él sin piedad. El jefe del grupo de Rescate y Búsqueda también bromeó sobre que Bundy se parecía al "Ted" que la policía buscaba.

Aunque no tenían ni idea, Bundy era realmente responsable de los asesinatos, otras cuatro personas cercanas a Bundy lo denunciaron a la policía como posible sospechoso. Su novia y un profesor de la Universidad de Washington conocían a una persona llamada Ted que coincidía con el dibujo compuesto y conducía un escarabajo Volkswagen color canela. Aunque Bundy estaba siendo investigado por la policía, parecía tan natural que no parecía el tipo de persona que sería un asesino despiadado. Bundy nunca fue interrogado por la policía.

En agosto de 1974, Ted se mudó a Salt Lake City para asistir a la escuela de leyes de la Universidad de Utah. Desde su nueva casa en Salt Lake City, Ted comenzó a asesinar de nuevo en el otoño de 1974. El 28 de octubre, Bundy secuestró, estranguló y violó a Smith Melissa, de diecisiete años, la hija de un jefe de policía de Utah.

El primer arresto de Bundy

El 26 de agosto de 1975, un capitán de la patrulla de la autopista de Utah se percató de un vehículo sospechoso en un suburbio de Salt Lake City. Cuando el escarabajo de Volkswagen se aceleró, el juego de la oferta se llevó a cabo antes de que el conductor se detuviera en una gasolinera vacía.

El oficial dijo que el conductor se identificó como un estudiante de segundo año de la Facultad de Derecho de la Universidad de Utah. Dijo que estaba perdido en la subdivisión. Actuó con normalidad. El oficial no pudo oler ninguna cerveza, o alcohol en su aliento. Era un joven muy guapo. No había nada que indicara que algo anduviera mal.

Ted le dio permiso a la policía para registrar el coche, y dentro la policía encontró un pasamontañas, esposas, medias, picahielos y una palanca.

Bundy fue arrestado por sospecha de evasión. La policía de Utah estaba al tanto de los asesinatos en serie en Washington y había notado que Bundy era de Seattle. Pudieron obtener un boceto del sospechoso de los asesinatos y se dieron cuenta de que se parecía bastante a la descripción de DaRoch de su atacante. El movimiento de Bundy también coincidía con la línea de tiempo de la desaparición y los asesinatos, y la víctima femenina encajaba en el mismo perfil.

Todas las víctimas eran adolescentes y tenían una descripción física similar. Los cuerpos que se recuperaron estaban todos desnudos y la mayoría mostraban signos de mutilación, trauma, asalto sexual y fuerza bruta.

Bundy fue puesto bajo vigilancia, y en septiembre, los detectives de Utah fueron a Seattle para entrevistar a la novia de Ted, que había llamado a la policía por segunda vez después de que las mujeres comenzaron a desaparecer en Utah.

El 2 de octubre de 1975, DahRoch escogió a Busy de una fila y fue arrestado por secuestro. En febrero de 1976, Bundy fue encontrado culpable y sentenciado de uno a quince años. Durante todo el juicio,

Bundy mantuvo su inocencia y negó su conexión con los otros asesinatos y secuestros. Debido a sus antecedentes, apariencia y educación, la mayoría de la gente no podía creer que el joven estudiante de pata era responsable de los brutales asesinatos.

Sin embargo, poco después de su condena por secuestro, los detectives pudieron acusar a Bundy de asesinato. Gracias a los varios recibos de gas y a las pruebas de cabello tomadas del escarabajo Volkswagen incautado a Bundy, se le acusó del asesinato de Campbell Caryn, de 23 años, que fue asesinado en Colorado en enero de 1975. Bundy fue extraditado a las instalaciones de Aspen para su juicio por asesinato.

Asesinatos y fugas en Florida

Bundy se representó a sí mismo durante todo el juicio, y para preparar adecuadamente su propia defensa, el tribunal le concedió a Bundy privilegios especiales. Bundy encantó a todos con los que entró en contacto y se le dio una tarjeta de crédito telefónica, libros de derecho con acceso a la biblioteca de derecho y alimentos para la salud. Durante el período de prueba, se le permitió quitarse los grilletes y las esposas.

El 7 de junio de 1977, subió a la biblioteca de derecho durante el recreo. Con el guardia fuera de la puerta de la biblioteca, saltó por la ventana abierta del segundo piso y escapó. Se lesionó el tobillo durante el salto, pero pudo subir a la montaña Aspen.
Incluso el pueblo de Aspen no era inmune al encanto de Bundy.

Días después de llegar a la Montaña Asen, robó un vehículo e intentó huir del pueblo. Pero debido a la fractura de tobillo, Bundy condujo erráticamente y fue detenido durante una parada de tráfico rutinaria. Bundy fue tomado de nuevo en custodia inmediatamente. Fue colocado en una celda aislada de máxima seguridad. A pesar de que había un pequeño agujero en el techo de una lámpara que requería soldadura, nadie en la cárcel creía que alguien pudiera escapar por el pequeño agujero.

Mientras estaba encarcelado, experimentó una dramática pérdida de peso, que los otros prisioneros en sus celdas escucharon a Bundy arrastrándose sobre ellos en el techo por la noche. Entró en el apartamento de los carceleros por encima de las celdas y se vistió de civil antes de escapar.

Ahora en la lista de los más buscados del FBI, Bundy se dirigió hacia el sur, finalmente se estableció en Tallahassee, Florida. Bundy se registró en una pensión bajo el nombre de Hangen Chris. Temprano en la mañana del 15 de enero de 1978, entró en la casa de la hermandad Chi Omega de la Universidad Estatal de Florida. Con un tronco de madera, golpeó y asaltó sexualmente a cuatro mujeres.

La captura y los juicios de Florida

El 15 de febrero de 1978, fue detenido en otra parada de tráfico rutinaria. Cuando la policía lo detuvo, se resistió al arresto e intentó huir a pie. Después de darles una identidad falsa, los policías no sabían a quién tenían en custodia. Después de algunos días, fue entrevistado y se presentó como Robert Bundy Theodore. Bundy fue acusado de homicidios y asaltos en Florida.

Se arregló un pre-juicio en el que Bundy se declararía culpable de los cargos por una cadena perpetua de 75 años sin libertad condicional. En la pre-juicio, rechazó el trato, y el caso fue a juicio. En junio de 1979, el juicio de Bundy se convirtió en el primero que se emitió en la televisión nacional de los Estados Unidos.

A pesar de que Bundy no terminó la escuela de leyes, se le permitió representarse a sí mismo, y el juez lo nombró co-abogado. Bundy fue encontrado culpable de asesinar a Bowman Levy y Margaret, tres cargos de intento de asesinato y dos de robo. Fue sentenciado a muerte.

Muerte y confesión

Mientras esperaba la fecha de su ejecución, dio una serie de entrevistas, sobre todo con el perfilador del FBI Hagmaier Bill. Durante tres años Bundy nunca admitió ninguno de los asesinatos. Bundy hablaba de sus crímenes en tercera persona y se refería a algún asesino en serie no identificado.

Más tarde, trató de estirar su tiempo antes de ser enviado a la silla eléctrica. Bundy quería confesar a quiénes mató, cómo los mató y dónde estaban sus cuerpos.

Durante las confesiones de Bundy en la fila de la muerte, Bundy admitió que estuvo involucrado en al menos treinta homicidios entre los años 1973-1978 en siete estados.

Bundy también abrió sobre sus motivaciones detrás de los asesinatos, diciendo, el asesinato no es sólo un crimen de lujuria o violencia. Se convierte en parte de ti. Llega a ser tu posesión. Sientes que el último aliento sale de sus cuerpos. Los miras a los ojos. ¡Una persona en esa situación es Dios!

Él reveló que normalmente volvía a visitar a sus súbditos después de haber sido asesinados. Cuanto más fresco fuera el hallazgo, más probable sería que volviera.

Bundy le dijo a Hagmaier, "Si tienes tiempo, pueden ser quien tú quieras que sean".

Bundy admitió haber tomado fotografías de sus víctimas, explicando, si trabajas duro para hacer algo bien, no quieres olvidarlo. La noche antes de su ejecución, habló con Hagmaier acerca de suicidarse, No quería que el gobierno se alegrara de verlo morir.

A las 7:26 AM de la mañana del martes 24 de enero de 1989, Bundy Ted fue declarado muerto después de ser electrocutado en la

Prisión Estatal de Florida. Mientras estaba atado le dijo a sus abogados que le dieran su amor a su familia y amigos.

Verdades y mitos sobre Rasputín

La muerte y la vida de Rasputín Grigory Effimovich están llenas de mitología, haciendo de Rasputín una personalidad casi más grande que la vida en la historia de Rusia. Saboteador político, monje renegado, desviado sexual y curandero místico, el misterioso Rasputín fue venerado y vilipendiado durante su vida y se convirtió en el chivo expiatorio de algún grupo disidente de la década.

Eche un vistazo a las verdades y mitos sobre el legendario hombre santo siberiano:

Poderes místicos

Nació en un pueblo de Siberia occidental, el joven Rasputín se convirtió a la religión a principios de su infancia. Incluso de niño, se rumoreaba que el joven Rasputín tenía poderes místicos específicos. A pesar de ser padre de varios niños, abandonó la vida familiar en busca de la piedad y la devoción religiosa cristiana ortodoxa. Después de años de enseñanza religiosa y años de vagabundeo, terminó en San Petersburgo, la sede del poder real. A través de algunas conexiones, se hizo popular entre el Zar Nicolás y su esposa, la zarina Alexandra.

Desesperados por conseguir una cura para la hemofilia de su hijo enfermo, una noche llamaron a Rasputín. Después de la sesión con el niño, la hemorragia pareció detenerse por un tiempo.

Los historiadores, como Galliard, han sugerido que la hemofilia probablemente se detuvo debido a la insistencia de Rasputín de no permitir la administración de aspirina; la aspirina es conocida como un elemento anticoagulante, y no como ningún poder místico que

Rasputín pudiera tener. La zarina se alegró e inmediatamente reclutó los servicios de Rasputín como asesor personal cercano.

Rasputín era un desviado sexual y el amante de la Reina

Las historias de los comportamientos sexuales de Rasputín comenzaron a difundirse con el tiempo dentro de la corte real, ya que su excéntrico hábito, como visitar burdeles, y el beber en exceso era visto como una colusión con la piedad religiosa de Rasputín.

Según los historiadores que creen que Rasputín pudo haber sido un miembro fiel o influenciado por el gran culto religioso Khlyst, tal hábito pecaminoso lo acercó al Todopoderoso. Sin embargo, aunque Rasputín se entretenía con frecuencia en los salones, no había pruebas que sugiriesen que Rasputín era un maníaco loco por el sexo que tenía una relación secreta con la reina de Rusia.

Al igual que toda su vida, el carácter de Rasputín en este aspecto ha sido exagerado y tras la revolución de febrero de 1917, embellecido por sus enemigos en los intentos de propagar su vida.

Rasputín era el gobernante secreto de Rusia

Debido a su constante aparición en la corte real, se rumoreaba que actuaba como titiritero sobre el cónyuge real. La constante dependencia de Alexandra de él y la aparente capacidad de curación de Rasputín con su hijo hemofílico sólo exacerbó estos susurros.

Ocasionalmente, el Rasputín daba consejos militares además de ayuda médica, pero sus opiniones no resultaron beneficiosas para el ejército ruso o para el zar Nicolás. De hecho, después de que Nicolás se hizo cargo personalmente de su ejército el 23 de agosto de 1915, bajo el consejo de Rasputín y Alexandra, Nicolás se convirtió en el sujeto de la culpa por las derrotas militares de Rusia. Mientras tanto, con Nicolás lejos en la batalla, un vacío de poder fue llenado por la Zarina.

Aquí, el mito se acerca al hecho. Aunque la Zarina estaba a cargo, Rasputín tenía poderes significativos como su consejero personal. Rasputín no perdió tiempo en nombrar a sus propios ministros de la iglesia y otros funcionarios públicos.

Rasputín era imposible de matar

Su influencia y sus hábitos llegaron a representar todo lo negativo de la sociedad y la política rusa en ese momento. Incluso antes de su último intento de asesinato, se llevaron a cabo otros intentos de asesinato contra su vida. En junio de 1914, una señora mendiga apuñaló a Rasputín en el estómago, alegando que Rasputín estaba seduciendo al mendigo inocente. Se recuperó completamente, aunque Rasputín había perdido mucha sangre y estaba cerca de la muerte después de la puñalada.

Dos años después, una sección de nobles liderada por Félix Yusupov planeó matar a Rasputín de una vez por todas. El 30 de diciembre de 1916, Félix invitó al monje a cenar en su casa. Después de una comida muy pesada, llena de postre y vino, todo con un pesado veneno de encaje, la sección de nobles miró, como asombrosamente, no mostró signos de que el veneno le afectara. Los nobles procedieron entonces a disparar a Rasputín, quien, según los cuentos, aún respiraba después de una lluvia de balas y sólo murió después de ser arrojado a un río helado para ser arrastrado.

Sin embargo, aunque su muerte fue planeada por Félix y otros nobles, el informe de la autopsia sugiere que no se encontró veneno en su sistema.

Rasputín se levantó de entre los muertos

Al igual que la historia de su asesinato, las secuelas de su muerte se han mitificado a lo largo de las décadas. Según un cuento, después de que su cuerpo envenenado y disparado fuera arrojado al río helado, fue sacado por un grupo de transeúntes, que encontraron que Rasputín aún estaba vivo cuando arrastraron su cuerpo a las orillas del río. La policía tardó días en encontrar el cuerpo porque en el invierno ruso bajo cero el agua ya se había congelado.

Pero los mitos sobre él sobrevivieron, y algo de realidad permanece debajo de esos mitos. Algunos historiadores afirmaron que el poder de Rasputín jugó un papel importante en el desdén de la familia real y todo lo que llegó a representar. El relato de Rasputín mostraba en realidad que la mitología podía tener vida propia y llegar a ser más importante que la verdad.

Conclusion

Gracias por llegar hasta el final de Psicología Oscura, esperemos que haya sido informativo y capaz de proporcionarle todas las herramientas que necesita para alcanzar sus objetivos, sean cuales sean. Si no conoces las tácticas que te aplican los manipuladores, no podrás romper su hechizo. Siempre te engañarás a ti mismo que estás a cargo de tu vida cuando en realidad no lo estás. Cuando tienes la habilidad de identificar las tácticas usadas por los manipuladores, puedes identificar fácilmente cuando están siendo usadas en ti.

A menudo se piensa que la condición que causa la vergüenza es la que usted temería tener un testigo, por lo que parece paradójico que usted pueda sentirse avergonzado en algunas circunstancias positivas. Por ejemplo, puede sentirse avergonzado en lugar de orgulloso cuando su empleador reconozca su excelente desempeño y lo recompense públicamente con una bonificación sustancial.

Por último, si este libro le ha resultado útil de alguna manera, ¡siempre se agradece una crítica honesta!

* 9 7 8 1 8 0 0 6 0 2 1 4 4 *